判例に学ぶ

Deloitte.
デロイト トーマツ

税法条文の "実践的" 読み方

デロイト トーマツ税理士法人

税理士
稲見 誠一
監修

公認会計士・
米国公認会計士
梅本 淳久
著

ロギカ書房

は じ め に

　本書は、判例等を題材とする事例問題の検討を通じて、条文解釈に必要な知識を確認しつつ、裁判所等の示した条文解釈に至る思考プロセスを丁寧に辿ることによって、税法条文の〝実践的〟読み方を身につけることを目指すものです。

■本書の構成

　本書は、判例等から抽出した「条文解釈上の手法・論点」別に、全15講で構成されています。

　また、各講は、大まかに、

　(1)　序　論　：　教授と学生の対話（導入）

　(2)　本　論　：　事例問題の検討

　(3)　結　論　：　教授と学生の対話（展開）

の３部構成となっています。

■本書の特長

　事例問題の検討においては、平易な語り口で、セミナー風に話を展開し、「思考プロセス」を丁寧に辿っていきます。

　また、図・イラストを多用して、「情報のイメージ化」「思考のビジュアル化」を行い、直感的な理解もできるように心がけています。

■本書の内容例（第２講より）

　例えば、「又は」と「若しくは」の使い分けは、しばしば初心者を悩ませますが、この使い分けのルールは、「条文解釈に必要な知識」といえます。

　本書は、このような基本的な知識の確認からスタートします。

　しかし、実務では、このような知識だけでは解決できない問題にしばしば直面します。

例えば、次のような問題です。

問題 法人税法施行令22条の4第1項2号の「議決権のある株式又は出資の数又は金額」は、以下のいずれを意味するか。

① たすき掛けあり
  ・「議決権のある株式の数」
  ・「議決権のある株式の金額」
  ・「議決権のある出資の数」
  ・「議決権のある出資の金額」
② たすき掛けなし
  ・「議決権のある株式の数」
  ・「議決権のある出資の金額」

実は、この問題については、裁決事例と裁判例があります。

しかし、両者の判断は分かれました。

それでは、裁判所（審判所）は、どのような条文解釈の手法を採って、また、どのような資料を証拠として、そのような判断に至ったのでしょうか。

本書は、ここに条文解釈の実践のためのヒントが隠されていると考え、判断に至る思考プロセスを分析し、丁寧に辿っていきます。

■本書の想定読者層

本書が想定する読者は、①税理士・公認会計士などの職業的専門家やその補助者、②企業の税務担当者のほか、③租税法を学ぶ大学院学生・学部学生、④資格試験受験者など、税務関係者の皆様です。

本書が、税務関係者の皆様にとって、少しでもお役に立てば幸いです。

■本書の注意事項

- 本書は、「法令解釈→事実認定→当てはめ」のうち、「法令解釈」に焦点を当てたものです。もっとも、本書は、具体的な事例を題材としている

関係上、「法令解釈」のみで話を止めるのではなく、「当てはめ」も、ポイントを絞って解説しています。

● 本書には、難解な事例も含まれます。そのような事例についても、わかりやすい説明を心がけていますが、仮に、「結論」を十分に理解することができなくても、結論に至る「思考プロセス」を繰り返しお読みいただければ、税法条文の〝実践的〟読み方を身につける、という本書の目的は達せられるはずです。

* * *

なお、本書の意見にわたる部分は筆者の私見であり、所属する組織の公式見解ではないことを申し添えます。

最後になりましたが、本書の全般にわたり、稲見誠一税理士に監修していただきました。また、逐条解説シリーズ（外国子会社合算税制、外国税額控除）や『［処分取消事例］にみる　重加算税の法令解釈と事実認定』などに続き、株式会社ロギカ書房の橋詰守氏には、大変お世話になりました。ここに記して、心よりお礼申し上げます。

2022年9月

公認会計士・
米国公認会計士　　梅本　淳久

■目 次

はじめに

凡 例

1　法令等は、特に断りのない限り、令和4年1月1日現在の法令等に基づいている。

　　ただし、判決・裁決（これらを題材とする事例を含む）については、その前提となった税法等が変更となっているものがある。

2　本書中に引用する法令等については、次の略語を用いた。

会………………会社法

一般法人…………一般社団法人及び一般財団法人に関する法律

投資信託法………投資信託及び投資法人に関する法律

資産流動化法……資産の流動化に関する法律

通法……………国税通則法

通令……………国税通則法施行令

通通……………国税通則法基本通達

所法……………所得税法

所通……………所得税基本通達

法法……………法人税法

法令……………法人税法施行令

法規……………法人税法施行規則

法通……………法人税基本通達

措置法…………租税特別措置法

措置令…………租税特別措置法施行令

3　条文や文献などの引用については、次の例による。

　1）「法令2①三」とあるのは、法人税法施行令2条1項3号を示す。

　2）判決・裁決・文献については、各講の末尾に、略称を示している。

　3）条文・判決文・裁決文の〔　　〕内や下線は、引用者による。

第1講
文理解釈と
趣旨解釈のバランス

1 プロローグ

教授 法令解釈の方法として、字句の意味するところや文法に従って、法令を解釈しようとする方法があります。この方法を何というか、ご存知ですか。

学生 はい。「文理解釈」といいます。

教授 そうですね。では、これに対して、趣旨や目的から法令を解釈しようとする方法があります。この方法を何というか、ご存知ですか。

学生 はい。「趣旨解釈」といいます。

教授 そうですね。法令解釈を行う際は、「文理解釈」によっても、「趣旨解釈」によっても、同じ解釈になることが望ましいわけです。しかし、現実には、厳格な文理解釈をすると、趣旨や目的に適合しないように見える結果になったり、逆に、趣旨や目的に照らして〝こうあるべき″と思っても、その解釈が文理解釈では導けなかったりします。裁判で争いになった事例がありますので、検討してみましょう。

2 一時所得の金額の計算上控除する「支出した金額」

2.1 事 例

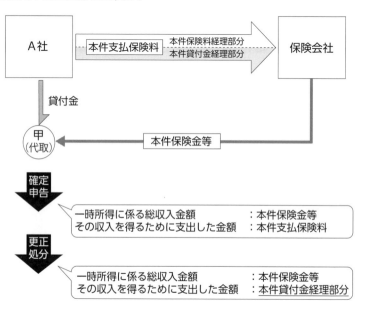

【事例1】

　後記(6)の更正処分は適法か。

(1) 甲は、A社の代表取締役である。

(2) A社は、平成10年に、生命保険会社との間で、次の内容の養老保険契約（以下「**本件契約**」という）を締結した。

　　イ　被　保　険　者　：　甲

　　ロ　保　険　期　間　：　5年

　　ハ　死亡保険金の受取人　：　A社

　　ニ　満期保険金の受取人　：　甲

(3) A社は、本件契約に基づき、保険料（以下「**本件支払保険料**」という）を支払い、次のとおり経理した。

借　　方		貸　　方	
保　　険　　料	×××（※1）	現　金　預　金	×××
甲に対する貸付金	×××（※2）		

※1　2分の1（以下「**本件保険料経理部分**」という）
※2　2分の1（以下「**本件貸付金経理部分**」という）

(4)　本件契約の満期日において、甲が生存していたため、甲は、満期保険金及び割増保険金（以下「**本件保険金等**」という）の支払を受けた。

(5)　甲は、平成15年分の所得税につき、次の内容の確定申告をした。

　イ　本件保険金等の金額を一時所得に係る総収入金額に算入する。

　ロ　甲社の支払った<u>本件支払保険料の全額</u>が「その収入を得るために支出した金額」（所法34②）に当たるので、一時所得の金額の計算上、<u>控除する</u>。

(6)　課税庁は、<u>本件支払保険料のうち本件保険料経理部分</u>は、「その収入を得るために支出した金額」（所法34②）に当たらず、一時所得の金額の計算上、<u>控除できない</u>として、更正処分をした。

■関係法令等（当時）

所得税法

（一時所得）

第34条　（略）

2　一時所得の金額は、その年中の一時所得に係る総収入金額からその収入を得るために支出した金額（その収入を生じた行為をするため、又はその収入を生じた原因の発生に伴い直接要した金額に限る。）の合計額を控除し、その残額から一時所得の特別控除額を控除した金額とする。

3　（略）

所得税法施行令

（生命保険契約等に基づく年金に係る雑所得の金額の計算上控除する保険料等）

第183条　（略）

2　生命保険契約等に基づく一時金・・・の支払を受ける居住者のその支

払を受ける年分の当該一時金に係る一時所得の金額の計算については、次に定めるところによる。

一　（略）

二　当該生命保険契約等に係る保険料又は掛金・・・の総額は、その年分の一時所得の金額の計算上、支出した金額に算入する。ただし、次に掲げる掛金、金額又は個人型年金加入者掛金の総額については、当該支出した金額に算入しない。

　　イ　厚生年金保険法第9章・・・の規定に基づく一時金・・・に係る・・・加入員の負担した掛金

　　ロ　確定給付企業年金法第3条第1項・・・に規定する確定給付企業年金に係る規約に基づいて支給を受ける一時金・・・に係る・・・加入者の負担した金額・・・

　　ハ　小規模企業共済法第12条第1項・・・に規定する解約手当金・・・に係る・・・小規模企業共済契約に基づく掛金

　　ニ　確定拠出年金法附則第2条の2第2項及び第3条第2項・・・に規定する脱退一時金に係る同法第55条第2項第4号・・・に規定する個人型年金加入者掛金

三　（略）

3・4　（略）

所得税基本通達

（生命保険契約等に基づく一時金又は損害保険契約等に基づく満期返戻金等に係る所得金額の計算上控除する保険料等）

34-4　令第183条第2項第2号・・・に規定する保険料又は掛金の総額には、その一時金・・・の支払を受ける者以外の者が負担した保険料又は掛金の額（これらの金額のうち、相続税法の規定により相続、遺贈又は贈与により取得したものとみなされる一時金・・・に係る部分の金額を除く。）も含まれる。

（注）　使用者が負担した保険料又は掛金で36-32により給与等として課税されなかったものの額は、令第183条第2項第2号・・・に規定する保険料・・・の総額に含まれる。

2.2　検 討

2.2.1　関係法令等（当時）

　所得税法34条2項は、「一時所得の金額」について、次の算式により計算した金額とする、と規定しています。

《算式》

$$\text{一時所得の金額} = \left(\text{総収入金額} - \begin{array}{c} \text{その収入を得る}\\ \text{ために支出した}\\ \text{金額の合計額} \end{array} \right) - \text{特別控除額}$$

　また、所得税法施行令183条2項2号は、生命保険金等の一時金を受け取った場合の「一時所得の金額」の計算について、保険料・掛金の総額は、上記算式の「支出した金額」に算入する、と規定しています。

　ただし、同号イ～ニに列挙されている掛金等は、上記算式の「支出した金額」に算入しないこととされています。

　しかし、同号イ～ニに列挙された掛金等の中に、養老保険契約に係る保険料は含まれていません。

　以上を上記算式に加筆すると、次のとおりです。

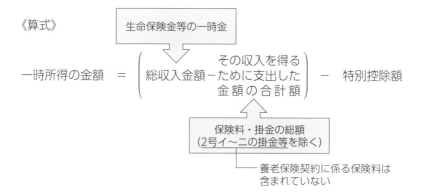

　さらに、所得税基本通達34-4は、上記算式の「その収入を得るために支出した金額」に算入する保険料・掛金の総額には、原則として、その一時金の支

払を受ける者以外の者が負担した保険料・掛金の額も含まれる旨を定めていま
す。

　ここで、同通達の（注）において、使用者が負担した少額の保険料・掛金で
給与等として課税されなかったものの額も、保険料・掛金の総額に含まれる旨
が定められています。

　以上を上記算式に加筆すると、次のとおりです。

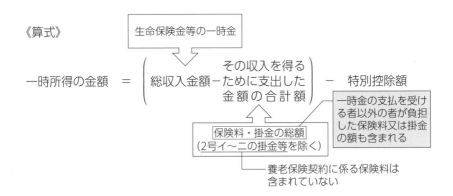

2.2.2　法令解釈等と当てはめ

　上記**2.2.1**を踏まえ、会社と役員が、それぞれ2分の1ずつ保険料を負担し
た養老保険契約に基づき、役員が満期保険金（全額）の支払を受けた場合の「一
時所得の金額」は、どのように計算されるかについて、以下、検討します（上
記算式に記号❹から❻を付したものを再掲します）。

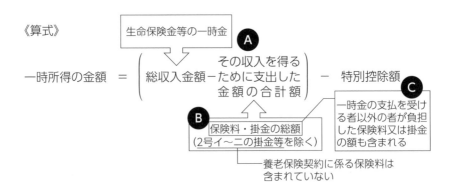

　まず、福岡高裁平成21年判決は、【事例1】と同様の事案で、次のとおり判示しています。

- 所得税法34条2項の文言からは、「その収入を得るために支出した金額の合計額」として控除できるのが、所得者本人が負担した金額に限られるか否かは明らかでない・・・《算式》の**Ⓐ**
- 所得税法施行令183条2項2号は、「保険料・掛金の総額」を控除できると規定している・・・《算式》の**Ⓑ**
- 所得税基本通達34-4は、「保険料・掛金の総額」には、一時金の支払を受ける者以外の者が負担した保険料・掛金の額も含まれると定めている・・・《算式》の**Ⓒ**
- 以上の点を踏まえると、会社の支払った保険料の全額を「一時所得の金額」の計算上、控除し得る

　上記判示は、「総額」、「以外の者」といった文理に照らして解釈したもので、「厳格な文理解釈」（占部2013、p. 207）に立っているといえます。

　しかし、最高裁は、上記判決を破棄しました。

　具体的には、最高裁平成24年判決は次のとおり判示し、会社において保険料として損金経理がされた部分は、所得税法34条2項にいう「その収入を得るために支出した金額」に当たらないと判断しています。

最高裁平成24年1月13日判決
　❶所得税法は、23条ないし35条において、所得をその源泉ないし性質によって10種類に分類し、それぞれについて所得金額の計算方法を定めているところ、これらの計算方法は、個人の収入のうちその者の担税力を増加させる利得に当たる部分を所得とする趣旨に出たものと解される。❷一時所得についてその所得金額の計算方法を定めた同法34条2項もまた、一時所得に係る収入を得た個人の担税力に応じた課税を図る趣旨のものであり、❸同項が「その収入を得るために支出した金額」を一時所得の金額の計算上控除するとしたのは、一時所得に係る収入のうちこのような支出額に相当する部分が上記個人の担税力を増加させるものではないことを考慮したものと解されるから、ここにいう「支出した

金額」とは、一時所得に係る収入を得た個人が自ら負担して支出したものといえる金額をいうと解するのが上記の趣旨にかなうものである。また、**4**同項の「その収入を得るために支出した金額」という文言も、収入を得る主体と支出をする主体が同一であることを前提としたものというべきである。

　したがって、**5**一時所得に係る支出が所得税法34条2項にいう「その収入を得るために支出した金額」に該当するためには、それが当該収入を得た個人において自ら負担して支出したものといえる場合でなければならないと解するのが相当である。

　なお、**6**所得税法施行令183条2項2号についても、以上の理解と整合的に解釈されるべきものであり、同号が一時所得の金額の計算において支出した金額に算入すると定める「保険料・・・の総額」とは、保険金の支払を受けた者が自ら負担して支出したものといえる金額をいうと解すべきであって、同号が、このようにいえない保険料まで上記金額に算入し得る旨を定めたものということはできない。所得税法基本通達34-4も、以上の解釈を妨げるものではない。

判決文の**1**～**6**のポイントは、それぞれ次のとおりです。

1：所得税法が、所得区分ごとに所得金額の計算方法を定めているのは、その者の担税力を増加させる利得を所得とする趣旨と解される。

2：所得税法34条2項もまた、一時所得に係る収入を得た個人の担税力に応じた課税を図る趣旨のものである。

3：所得税法34条2項が「その収入を得るために支出した金額」を控除するとしたのは、これが個人の担税力を増加させるものではないことを考慮したものと解されるから、ここにいう「支出した金額」とは、一時所得に係る収入を得た個人が自ら負担して支出した金額をいうと解するのが上記の趣旨にかなう。

4：所得税法34条2項の「その収入を得るために支出した金額」という文言も、収入を得る主体と支出をする主体が同一であることを前提としたものというべきである。

5：したがって、所得税法34条2項にいう「その収入を得るために支出した金額」に該当するためには、収入を得た個人において自ら負担して支出

したものでなければならない。

6：なお、所得税法施行令183条2項2号の「保険料・・・の総額」とは、保険金の支払を受けた者が自ら負担して支出したものといえる金額をいうと解すべきである。所得税基本通達34-4も、以上の解釈を妨げるものではない。

　上記**1**～**6**を要素別に分類すると、**1**～**3**が「趣旨解釈」による理由付け、**4**が「文理解釈」による理由付け、**5**が結論、**6**が施行令・通達との整合性、という構成になっています。

　上記**1**～**4**の文章構成は、趣旨解釈により〝あるべき〟解釈を導き出しつつ、文理解釈によっても、同様に解釈すべきであるとするもので、「緩やかな文理解釈」（占部2013、p.207）に立っているといえます。

　なお、上記**4**について、最高裁調査官は、次のとおり解説されています。

最高裁判所判例解説　民事篇　平成24年度（上）

　「所得税法34条2項・・・の趣旨については判決が詳細に述べているところであるが、同項の文言について判決が述べているところを補足すると、同項が収入を得る主体と支出をする主体が同一であることを前提としているという説示は、控除対象に係る同項の規定が、『その収入を得るために支出された金額』ではなく、『その収入を得るために支出した金額』となっていることを踏まえたものであろう」（傍点引用者）（小林2015、p.10）

　また、最高裁平成24年判決が採る文理解釈の方法については、須藤裁判官の補足意見が参考になります。

最高裁平成24年1月13日判決

　裁判官須藤正彦の補足意見は、次のとおりである。

　私は法廷意見に賛成するものであるが、原判決や所論の指摘する租税法律主義（課税要件明確主義）に関連して、以下のとおり補足しておきたい。

1　憲法84条は租税法律主義を定めるところ、課税要件明確主義がその一つの重要な内容とされている。したがって、課税要件及び賦課徴収手続（以下では、本件に即して課税要件のみについて考える。）は明確でなければな

　らず、一義的に明確な課税要件であればもちろんのこと、複雑な社会経済
　関係からしてあるいは税負担の公平を図るなどの趣旨から、不確定概念を
　課税要件の一部とせざるを得ない場合でも、課税庁は、恣意的に拡張解釈
　や類推解釈などを行って課税要件の該当性を肯定して課税することは許さ
　れないというべきである。逆にいえば、<u>租税法の趣旨・目的に照らすなど
　して厳格に解釈し、そのことによって当該条項の意義が確定的に明らかに
　されるのであれば、その条項に従って課税要件の当てはめを行うことは、
　租税法律主義（課税要件明確主義）に何ら反するものではない。</u>

（略）

🔎 クローズアップ

　「文理解釈」と「趣旨解釈」（目的論的解釈）は、法令解釈の方法の2本
の柱といえます。

　このうち、「趣旨解釈」には、その具体的な手法として、〈1〉拡張解
釈、〈2〉縮小解釈、〈3〉反対解釈、〈4〉変更解釈、〈5〉勿論解釈、〈6〉
類推解釈があります。

　これらの手法が問題となった事例として、例えば、平成18年裁決と平成
21年裁決があります。

平成18年11月27日裁決
　所得税法第155条第2項は、青色申告書に係る更正処分が不動産所得、事
業所得及び山林所得の金額の計算についての誤りに基因する場合は更正通
知書に更正の理由を附記しなければならないと規定しているのであるか
ら、その<u>反対解釈</u>として、上記以外の各種所得金額の計算誤り又は損益通
算若しくは損失の繰越控除の規定の適用誤りのみに基因する更正処分につ
いては、理由を附記しなくとも違法ではないと解される。

> **平成21年3月12日裁決（要旨）**
>
> 　請求人は、本件マンションには一度も居住していなかったが、租税特別措置法第35条《居住用財産の譲渡所得の特別控除》第1項に規定する「居住の用に供している家屋」の範囲には、税負担を軽減しようとする法の趣旨から、真に居住する意思をもって購入した家屋で、転勤、転地療養等の本人に起因しないやむを得ない事情により、居住できなかった家屋も含むべきである旨主張する。
>
> 　しかしながら、本件特例は、本来課税されるべき税負担を特別の配慮から軽減するものであるから、税負担の公平の原則に照らし、みだりに拡張、類推解釈することは許されず、その解釈は厳格になされるべきである。
>
> 　したがって、請求人が一度も入居しなかった本件マンションについては、本件特例を適用することはできない。

2.2.3　参　考

　所得税法施行令183条は、平成23年度税制改正において、**図表1**のとおり改正されています。

　この改正により、満期保険金に係る「一時所得の金額」の計算上、控除できる保険料は、事業主が負担したものについては、給与所得課税が行われたものに限られることが明確になりました（財務省2011、p.87）。

図表1

改正後	改正前
所得税法施行令 （生命保険契約等に基づく年金に係る雑所得の金額の計算上控除する保険料等） 第183条　省　略 2・3　省　略 4　第1項及び第2項に規定する保険料又は掛金の総額は、当該生命保険契約等に係る保険料又は掛金の総額から次に掲げる金額を控除して計算するものとする。	所得税法施行令 （生命保険契約等に基づく年金に係る雑所得の金額の計算上控除する保険料等） 第183条　省　略 2・3　同　左 4　同　左

一・二 省 略	一・二 同 左
三 事業を営む個人又は法人が当該個人のその事業に係る使用人又は当該法人の使用人（役員を含む。次条第3項第1号において同じ。）のために支出した当該生命保険契約等に係る保険料又は掛金で当該個人のその事業に係る不動産所得の金額、事業所得の金額若しくは山林所得の金額又は当該法人の各事業年度の所得の金額の計算上必要経費又は損金の額に算入されるもののうち、これらの使用人の給与所得に係る収入金額に含まれないものの額（前2号に掲げるものを除く。）	
四 省 略	三 同 左

2.3 結 論

　本件支払保険料のうち本件保険料経理部分（A社負担分）は、本件保険金に係る「一時所得の金額」の計算上、控除することはできません。

　したがって、更正処分は適法です（最高裁平成24年判決）。

3 外国子会社合算税制と租税回避の目的

3.1 事 例

【事例2】

　後記(5)のX社の主張は認められるか。

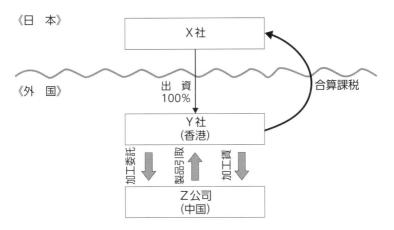

(1)　X社は、内国法人である。

(2)　X社の100%子会社であるY社は、香港を本店所在地とする外国法人であり、平成18年ころ、中国○○省に所在するZ公司との間で来料加工取引を行っていた。

(3)　上記(2)の「来料加工取引」とは、外国企業が中国企業に対して加工を委託し、設備・原材料を無償提供した上で、でき上がった製品を原則として全量無償で引き取り、外国企業から中国企業に対しては、加工賃のみが支払われるという形態の委託取引である。

(4)　課税庁は、X社が、Y社の留保所得[※1]につき、タックス・ヘイブン対策税制[※2]（以下「**本制度**」という）の適用を受けると主張している。

(5)　上記(4)の課税庁の主張に対して、X社は、次のとおり主張している。

X社の主張

　本制度は、タックス・ヘイブンに設立した子会社を利用して税負担の不当な軽減を図ること（租税回避）を防止する趣旨で制定された制度である。

　同制度の立法過程において、タックス・ヘイブンで事業を行うこと

※1　平成21年度税制改正において、「留保所得」を合算する仕組みから「所得」を合算する仕組みに改められています。

※2　近年は、「外国子会社合算税制」と呼ばれています。

に正常な経済合理性が認められる場合にまで適用されることは、予定されていなかった。

　適用除外規定※3は、立法当初にタックス・ヘイブンでの正常な経済活動として想定された類型を例示したものにすぎず、それ以外の立法当初に想定されていなかった正常な経済活動について、形式的に合算課税を行うことは許されない。

　本件において、Y社の行っていた来料加工取引は、立法当初は想定されていなかった正常な経済活動であるというべきであって、租税回避の目的はなかったから、本制度を適用することは認められない。

■関係法令（当時）

租税特別措置法

第66条の6　次に掲げる内国法人に係る外国関係会社のうち、本店又は主たる事務所の所在する国又は地域におけるその所得に対して課される税の負担が本邦における法人の所得に対して課される税の負担に比して著しく低いものとして政令で定める外国関係会社に該当するもの（以下この款において「**特定外国子会社等**」という。）が、昭和53年4月1日以後に開始する各事業年度において、その未処分所得の金額から留保したものとして、政令で定めるところにより、当該未処分所得の金額につき当該未処分所得の金額に係る税額及び法人税法第23条第1項第1号に規定する剰余金の配当、利益の配当又は剰余金の分配（以下この項において「**剰余金の配当等**」という。）の額に関する調整を加えた金額（以下この条において「**適用対象留保金額**」という。）を有する場合には、その適用対象留保金額のうちその内国法人の有する当該特定外国子会社等の直接及び間接保有の株式等に対応するものとしてその株式等（株式又は出資をいう。以下この項及び次項において同じ。）の請求権（剰余金の配当等、財産の分配その他の経済的な利益の給付を請求する権利をいう。以

※3　平成29年度税制改正において、本制度の適用を除外する「適用除外基準」から会社単位の合算課税の対象とする外国関係会社を特定するための「経済活動基準」へと位置付けが変更されています（財務省2017、p.683）。

下この項において同じ。）の内容を勘案して政令で定めるところにより計算した金額（以下この款において「**課税対象留保金額**」という。）に相当する金額は、その内国法人の収益の額とみなして当該各事業年度終了の日の翌日から２月を経過する日を含むその内国法人の各事業年度の所得の金額の計算上、益金の額に算入する。

　一・二　（略）

2・3　（略）

4　第１項及び前項の規定は、第１項各号に掲げる内国法人に係る前項に規定する特定外国子会社等がその本店又は主たる事務所の所在する国又は地域において固定施設を有するものである場合であって、各事業年度においてその行う主たる事業が次の各号に掲げる事業のいずれに該当するかに応じ当該各号に定める場合に該当するときは、当該特定外国子会社等のその該当する事業年度に係る適用対象留保金額については、適用しない。

　一　卸売業、銀行業、信託業、証券業、保険業、水運業又は航空運送業
　　その事業を主として当該特定外国子会社等に係る第40条の４第１項各号に掲げる居住者、当該特定外国子会社等に係る第１項各号に掲げる内国法人、当該特定外国子会社等に係る第68条の３の７第１項各号に掲げる特定信託の受託者である法人（当該特定信託の信託財産の運用に係る場合に限る。）、当該特定外国子会社等に係る第68条の90第１項各号に掲げる連結法人その他これらの者に準ずる者として政令で定めるもの以外の者との間で行っている場合として政令で定める場合
　二　前号に掲げる事業以外の事業
　　その事業を主として本店又は主たる事務所の所在する国又は地域（当該国又は地域に係る水域で政令で定めるものを含む。）において行っている場合として政令で定める場合

5・6　（略）

■参考文献

タックス・ヘイブン対策税制の解説（大蔵省主税局長監修）

「タックス・ヘイブン対策税制の目的は、軽課税国——いわゆるタックス・ヘイブン——にある子会社等で我が国株主により支配されているよう

なものに我が国株主が所得を留保し、我が国での税負担を不当に軽減することを規制することにあるが、軽課税国に所在する子会社等であっても、そこに所在するのに十分な経済合理性があれば、それは我が国の税負担を不当に減少させるための手段とはなっていないと考えられる。逆に子会社等が十分な経済合理性を欠くようなものであるときは、それは我が国株主によって租税回避のため利用されていると考えられ、子会社等が留保する所得を我が国における課税の枠組みの中に取込む必要が生じてくる。しかし子会社等は、仮に経済合理性を欠くようなものであっても、所在地国の法律に基づいて設立された外国法人であり、親会社等とは別個の法人格をもつものであることは否定し得ず、また我が国は本店所在地国主義をとっている。これらを前提としてなお国内株主の租税回避を防止しようとすれば、合算課税方式により国内株主に課税することが最適の解決法になってくる」(高橋1979、p. 92)

📖 用語解説

(1)　外国子会社合算税制は、外国子会社を利用した租税回避を抑制するために、一定の条件に該当する外国子会社の所得を、日本の親会社の所得とみなして合算し、日本で課税する制度です（財務省2017、p. 658）。

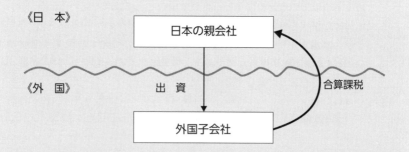

(2)　ただし、外国子会社が次の全ての要件を満たしている場合には、外国子会社のその満たす事業年度については、外国子会社合算税制の適用はない（会社単位での合算課税は行われない）こととされています。

　①　事業基準

　　②　実体基準

　　③　管理支配基準

　　④　非関連者基準又は所在地国基準

(3)　なお、【事例2】にいう「適用除外規定」とは、上記(2)の規定のこと
　をいいます。

3.2　検 討

　X社の主張は、次の2点を理由とするものです。

❶　Y社の取引は、立法当初は想定されていなかった取引であること。

❷　Y社の取引は、正常な経済活動であり、制度趣旨（租税回避の防止）に
　　照らして、本制度は適用されるべきではないこと。

　このうち、上記**❷**は、趣旨解釈によるものです。

　X社の主張する制度趣旨（租税回避の防止）は、立法担当者の解説（【事例
2】の参考文献）と同旨です。

　一方、上記**❶**は、「立法当初は想定されていなかった」というものです。

　これは、言葉を補うと、「（Y社の取引は、文理上、適用除外規定の対象とは
ならないが、それは）立法当初は想定されていなかった（ため、明文の規定が
ないだけであって、趣旨からいえば、適用除外規定の対象となるべきものであ
る）」という主張であると解されます。

　以上のとおり、X社の主張は、趣旨解釈を中心とするものですが、このよう
な主張は認められるでしょうか。

　この点について、岡山地裁平成26年判決は、【事例2】と同様の事案で、次
のとおり判示しています。

岡山地裁平成26年7月16日判決

　措置法66条の6は、課税要件を明確化することで課税執行面における安定性
を確保しつつ、外国法人を利用することによる税負担の不当な回避又は軽減を
防止し税負担の実質的な公平を図るため、第1項において、一定の要件を満た

す外国会社を特定外国子会社等と定めた上、一定範囲の内国法人に係る課税対象留保金額に相当する金額をその内国法人の所得の金額の計算上益金の額に算入することとし、他方で、第4項において、■例外的に特定外国子会社等の事業活動が経済合理性を有すると認められるための適用除外要件を定めた上、これらの要件が全て満たされる場合に第1項の規定を適用しないものとしているところ、■文理上、その適用を上記内国法人において租税回避目的がある場合に限定していないことは明らかであるし、■特定外国子会社等の事業活動の経済合理性から課税対象留保金額に相当する金額を上記内国法人の益金の額に算入することが相当といえるかどうかについては、あくまでも適用除外要件の中で判断すべき事柄であって、それ以上にそもそも同条1項を適用しない独自の要件を設けることを法は予定していないというべきである。

　したがって、■租税回避目的のない正常な経済活動に対してそもそも措置法66条の6第1項を適用することができない旨の原告らの主張は、独自の見解を述べるものであって採用することはできない。

判決文の■～■のポイントは、それぞれ次のとおりです。

■：措置法66条の6は、外国子会社の事業活動が経済合理性を有すると認められるための要件（適用除外基準）を定めた上、これらの要件が全て満たされる場合に本制度を適用しないものとしている。

■：措置法66条の6の文理上、本制度の適用を、内国法人において租税回避目的がある場合に限定していないことは明らかである。

■：外国子会社の事業活動の経済合理性に照らして、本制度を適用することが相当といえるか否かについては、あくまでも適用除外要件の中で判断すべき事柄である。

■：「そもそも、租税回避目的のない正常な経済活動に対して本制度を適用することはできない」旨の納税者の主張は採用することができない。

以上のとおり、【事例2】では、租税回避目的がないことをもって、本制度の適用が免除されることにはならず、あくまでも文理（適用除外基準）に照らして、本制度の適用の有無が判断される、ということになります。

🔎 クローズアップ

　本制度については、平成29年度税制改正において、抜本的な見直しが行われています。

　具体的には、租税回避リスクを、外国子会社の租税負担割合により把握する制度から、所得や事業の内容によって把握する制度に改められました（財務省2017、p. 658）。

　また、平成29年度税制改正において、「本店所在地国において製造における重要な業務を通じて製造に主体的に関与している場合」にも、所在地国基準を満たすこととされました（財務省2017、p. 683）。この改正について、金子宏名誉教授は、「来料加工について一定の厳格な要件のもとに所在地国基準の適用が認められると解することができる」（金子2021、p. 650）と述べておられます。

　なお、平成29年度税制改正後も、本制度の適用は、文理上、租税回避目的がある場合に限定されていません。

3.3　結　論

　文理上、本制度の適用は、租税回避目的がある場合に限定されていないので、X社の主張は認められません（岡山地裁平成26年判決）。

4　外国子会社合算税制の合算対象金額の計算（参考）

　本セクションでは、外国子会社合算税制に関する東京高裁令和4年判決を取り上げます。

　同判決は、措置法の趣旨に照らし、（文理上は適用されるべき）措置令の規定の適用がないとしたもので、その概要は、以下のとおりです。

4.1　事案の概要

⑴　W 社は、内国法人であり、その発行済株式等の100％を V 社が有している。

⑵　持株 SPC は、本店がケイマン諸島に所在する法人であり、V 社がその発行する普通株式の100％を有するとともに、適格機関投資家がその発行する優先出資証券の100％を有するものである。

⑶　本件各子 SPC は、本店がケイマン諸島に所在する法人である。

⑷　本件各子 SPC の平成26年12月29日時点の発行済株式等は、普通株式と優先出資証券の２種類であり、同日時点において、W 社が本件各子 SPC の普通株式の100％を直接に有し、持株 SPC が本件各子 SPC の優先出資証券の100％を直接に有していた。

図表2

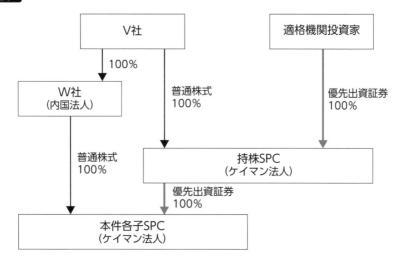

⑸　本件各子 SPC は優先出資証券の全てを償還したため、本件各子 SPC の発行済株式等は普通株式のみとなった。

　その結果、W 社は、本件各子 SPC の平成26年12月30日から平成27年12月３日までの事業年度（以下「**本件各子 SPC 事業年度**」といいます）終了の時における発行済株式等の100％を直接に有することになった。

図表3

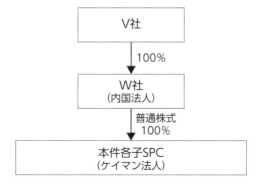

(6) 本件各子 SPC は、無税国に本店を有していることから、本件各子 SPC 事業年度において、本件各子 SPC は、W 社に係る特定外国子会社等に該当する。

　その結果、W 社は、外国子会社合算税制の適用を受け、本件各子 SPC の所得に相当する金額について、合算課税を受けることになった。

図表4

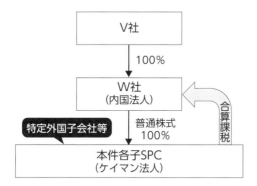

4.2　関係法令

　措置法（平成28年政令15号による改正前のもの）66条の6第1項は、次のとおり規定しています。

租税特別措置法

（内国法人に係る特定外国子会社等の課税対象金額の計算等）

第66条の6 次に掲げる内国法人に係る外国関係会社のうち、本店又は主たる事務所の所在する国又は地域におけるその所得に対して課される税の負担が本邦における法人の所得に対して課される税の負担に比して著しく低いものとして政令で定める外国関係会社に該当するもの（以下この条及び次条において「**特定外国子会社等**」という。）が、昭和53年4月1日以後に開始する各事業年度において適用対象金額を有する場合には、その適用対象金額のうちその内国法人の有する当該特定外国子会社等の直接及び間接保有の株式等の数に対応するものとしてその株式等（株式又は出資をいう。以下第4項までにおいて同じ。）の請求権（剰余金の配当等（法人税法第23条第1項第1号に規定する剰余金の配当、利益の配当又は剰余金の分配をいう。以下この項、次項及び第4項において同じ。）、財産の分配その他の経済的な利益の給付を請求する権利をいう。以下この項、次項及び第4項において同じ。）の内容を勘案して政令で定めるところにより計算した金額（以下この款において「**課税対象金額**」という。）に相当する金額は、その内国法人の収益の額とみなして当該各事業年度終了の日の翌日から2月を経過する日を含むその内国法人の各事業年度の所得の金額の計算上、益金の額に算入する。

一・二 （略）

2～11 （略）

この規定の要旨は、次のとおりです。

● 内国法人に係る一定の外国関係会社のうち、軽課税国に所在するもの（特定外国子会社等）が、適用対象金額（所得に相当する金額）を有する場合には、その適用対象金額のうちその内国法人の有する当該特定外国子会社等の直接・間接保有の株式等の数に対応するものとしてその株式等の請求権の内容を勘案して<u>政令で定めるところにより計算した金額</u>（課税対象金額）に相当する金額は、その内国法人の収益の額とみなす。

上記の下線部について、措置令（平成29年政令114号による改正前のもの）39条の16は、次のとおり規定しています。

租税特別措置法施行令

（内国法人に係る特定外国子会社等の課税対象金額の計算等）

第39条の16　法第66条の６第１項に規定する政令で定めるところにより計算した金額は、同項各号に掲げる内国法人に係る特定外国子会社等の各事業年度の同項に規定する適用対象金額に、当該特定外国子会社等の当該各事業年度終了の時における発行済株式等のうちに当該各事業年度終了の時における当該内国法人の有する当該特定外国子会社等の請求権勘案保有株式等の占める割合を乗じて計算した金額とする。

2　前項及びこの項において、次の各号に掲げる用語の意義は、当該各号に定めるところによる。

一　請求権勘案保有株式等

　　内国法人が直接に有する外国法人の株式等の数又は金額（当該外国法人が請求権の内容が異なる株式等を発行している場合には、当該外国法人の発行済株式等に、当該内国法人が当該請求権に基づき受けることができる法人税法第23条第１項第１号に規定する剰余金の配当、利益の配当又は剰余金の分配（以下この条において「**剰余金の配当等**」という。）の額がその総額のうちに占める割合を乗じて計算した数又は金額）及び請求権勘案間接保有株式等を合計した数又は金額をいう。

二　（略）

3～7　（略）

この規定の要旨は、次のとおりです。

● 課税対象金額（合算対象金額）は、適用対象金額に**請求権勘案保有株式等割合**を乗じて計算する

《算式①》

課税対象金額　＝　適用対象金額　×　**請求権勘案保有株式等割合**

● 算式①の「**請求権勘案保有株式等割合**」とは、次の算式により計算した金額をいう。次の算式中、右辺の分数の「分母」「分子」のいずれについても、特定外国子会社等の各事業年度終了時におけるものによる

《算式②》

請求権勘案保有株式等割合	=	内国法人の有する特定外国子会社等の請求権勘案保有株式等
		特定外国子会社等の発行済株式等

● 算式②の「請求権勘案保有株式等」とは、〈1〉内国法人が直接に有する外国法人の株式等の数・金額及び〈2〉請求権勘案間接保有株式等を合計した数・金額をいう。ただし、外国法人が請求権の内容が異なる株式等を発行している場合には、次の算式により計算した金額をいう。

《算式③》

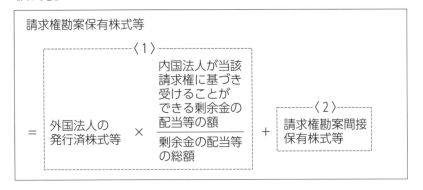

4.3　争　点

W社の本件各子 SPC に係る**請求権勘案保有株式等割合**は、零％（W 社の主張）か、それとも、100％（国側の主張）か。

4.4　裁判所の判断

東京高裁令和 4 年判決は、次のとおり判示しています。

東京高裁令和 4 年 3 月10日判決
3　タックス・ヘイブン対策税制の趣旨等
　⑴〜⑷　（略）
---

(5)　以上のとおり、■タックス・ヘイブン税制は、タックス・ヘイブンに設立した外国子会社の所得から剰余金の配当等を受け得る支配力を有している内国法人が剰余金の配当等を受けずに外国子会社に留保所得を蓄積しているところに租税回避があるとみて、留保所得のうち内国法人の持分に応じて計算される金額を内国法人の所得に合算して課税することとしたものである。・・・。

　　　（略）

4　措置法施行令39条の16第2項1号の「外国法人が請求権の内容が異なる株式等を発行している場合」の判断時期

(1)　■措置法施行令39条の16第1項は、タックス・ヘイブン対策税制において内国法人の収益の額とみなされる課税対象金額は、適用対象金額に、当該特定外国子会社等の当該各事業年度終了の時における発行済株式等のうちに当該各事業年度終了の時における当該内国法人の有する当該特定外国子会社等の請求権勘案保有株式等の占める割合（請求権勘案保有株式等割合）を乗じて計算した金額とする旨定めていること（・・・）に加え、措置法施行令39条の20第1項は、外国法人が外国関係会社に該当するかどうかの判定は、当該外国法人の各事業年度終了の時の現況によるものとし、内国法人が法66条の6第1項各号に掲げる法人に該当するかどうかの判定は、これらの法人に係る外国関係会社の各事業年度終了の時の現況によるものと定めていること（・・・）を併せ考慮すると、措置法施行令39条の16第2項1号（・・・）が剰余金の配当等の割合から請求権勘案保有株式等を計算すべき場合として定める「外国法人が請求権の内容が異なる株式等を発行している場合」に該当するか否かの判定は、特定外国子会社等の事業年度終了の時の現況によると解するのが同規定の文理解釈として自然である。

　　　（略）

(2)　（略）

5　措置法施行令39条の16第1項、2項の規定の適用の是非

(1)　（略）

(2)　しかしながら、前記2で認定したとおり、■本件資金調達スキームが利用された経緯、目的、仕組みからして、控訴人〔W社〕が本件各子SPCの当期純利益から剰余金の配当等を受け得ること、言い換えれば、その当期純利益に対して支配力を有すると評価されるような処理はもともと想定されておらず、現に本件各子SPC事業年度においても、上記の仕組みに従っ

て、本件各子 SPC の当期純利益を上回る金額が期中に持株 SPC に配当され
ており、事業年度全体を通じてみても、また、期末時点についてみても、
控訴人が上記当期純利益（適用対象金額は同額である。）に対して支配力を
有していたとは認められない。そうすると、本件資金調達スキームにおけ
る本件各子 SPC 事業年度の処理において、内国法人（控訴人）が外国子会
社（本件各子 SPC）の利益から剰余金の配当等を受け得る支配力を有する
というタックス・ヘイブン対策税制の合算課税の合理性を基礎付け、正当
化する事情は見いだせないし、また、上記処理に租税回避の目的があるこ
とも、客観的に租税回避の事態が生じていると評価すべき事情も認められ
ない。・・・。
　　そして、前記2の事実関係によれば、■本件各子 SPC 事業年度の本件各
子 SPC の適用対象金額（当期純利益）に対する控訴人の支配力は存在しな
いから、その適用対象金額のうちに、控訴人の有する株式等の数に対応す
るものとして剰余金の配当等の経済的な利益の給付を請求する権利の内容
を勘案して控訴人の益金に算入するのが相当な金額（課税対象金額）は存
在しないと解するのが、タックス・ヘイブン対策税制の基本的な制度及び
理念、そして、これを踏まえた措置法66条の6の趣旨に照らして相当であ
り、これに反する限度で措置法施行令39条の16第1項、2項を本件に適用
することはできないというべきである。

判決文の■～■のポイントは、それぞれ次のとおりです。

■：タックス・ヘイブン対策税制は、内国法人が、外国子会社の所得から配
　　当を受け得る支配力を有しながら、外国子会社に所得を留保しているこ
　　とを租税回避とみて、留保所得の持分相当額を、内国法人の所得に合算
　　して課税するものである。

■：「外国法人が請求権の内容が異なる株式等を発行している場合」（措置令
　　39の16②一）に該当するか否かの判定は、文理上、特定外国子会社等の
　　事業年度終了の時の状況によると解するのが自然である。

■：本件スキームにおいては、本件各子 SPC の当期純利益を上回る金額が
　　持株 SPC に配当されており、W 社が上記当期純利益に対して支配力を
　　有していたとは認められない。本件スキームにおいて、「内国法人が外

国子会社の所得から配当を受け得る支配力を有する」という合算課税の合理性を基礎付け、正当化する事情は見いだせないし、また、租税回避の目的・結果の存在も認められない。

4：本件各子SPCの適用対象金額（当期純利益）に対するW社の支配力は存在しないから、合算対象金額は存在しないと解するのが、措置法66条の6の趣旨等に照らして相当であり、これに反する限度で措置令39条の16第1項・第2項を本件に適用することはできない。

このように、東京高裁令和4年判決は、形式的な文理（上記**2**）によるのではなく、措置法の趣旨に照らし（上記**3**）、措置令39条の16を本件に適用することはできない、という結論を導き出したものです（上記**4**）。

ただし、同判決は同時に、次のとおり述べており、その射程は限定的と解されます。

東京高裁令和4年3月10日判決
　なお、上記判断は、本件の具体的事案において、措置法66条の6の趣旨等に照らし、措置法施行令39条の16第1項、2項2号が定める課税対象金額の計算に関する部分を文理解釈どおりに形式的に適用することはできないとするにとどまるものであり、措置法66条の6第1項の適用要件及び同条3項の適用除外要件に租税回避の目的や実態の有無という新たな要件を付加するものではない。

なお、本書執筆時点（令和4年3月現在）で、本件は、最高裁に対し上告受理申立てがなされています。

5　エピローグ

学生　【事例1】の最高裁平成24年判決は、担税力に応じた課税を行う、という所得税法の趣旨から考えると、確かにそのとおりだなと感じました。

教授　最高裁平成24年判決が「文理解釈」も行っているという点は重要で

　す。租税法律主義の下では、趣旨からいえばこういう結論になると思っても、文理で読めなければ、そのような結論は認め難いものです。

学生　【事例2】の岡山地裁平成26年判決は、「趣旨解釈」による主張が、「文理解釈」によって退けられた事例でした。

教授　タックス・ヘイブン対策税制の導入の経緯について、当時の立法担当者は、次のように解説されています。

> **改正税法のすべて　昭和53年**
> 　「行政当局においては、タックスヘイブンを利用する納税回避は、従来法人税法第11条の実質所得者課税の規定によりそれを適用しうる範囲において規制してきましたが、この規定の適用に当たっての実質帰属の具体的な判定基準が明示されていないため、執行面での安定性に必ずしも問題なしとしない面がありました。このため、租税法律主義を堅持しつつ課税の執行の安定性を確保するという観点からも、租税回避対策のための明文規定の整備が強く要請されていたわけです」（国税庁1978、p. 157）

　このような経緯から考えても、本制度の適用が免除されるか否かの判定は、明文の規定によるべきで、租税回避目的の有無といった主観的な基準によるべきではないでしょうね。

参考文献等

平成18年裁決：国税不服審判所裁決平成18年11月27日審判所 HP 参照

平成21年裁決：国税不服審判所裁決平成21年3月12日審判所 HP 参照

福岡高裁平成21年判決：福岡高判平成21年7月29日（D1-Law.com 判例体系／判例 ID 28161286）

最高裁平成24年判決：最判平成24年1月13日裁判所 HP 参照（平成21年（行ヒ）404号）

岡山地裁平成26年判決：岡山地判平成26年7月16日（D1-Law.com 判例体系／判例 ID 28231136）

国税庁1978：国税庁『改正税法のすべて　昭和53年』大蔵財務協会（1978）

高橋1979：高橋元『タックス・ヘイブン対策税制の解説』清文社（1979）

財務省2011：財務省「平成23年度　税制改正の解説」
（https://warp.da.ndl.go.jp/info：ndljp/pid/9551815/www.mof.go.jp/tax_policy/tax_
　　reform/outline/fy2011/explanation/index.html）

占部2013：占部裕典「所得税法34条2項の『その収入を得るために支出した金額』の
　　意義」ジュリ1453号 pp. 206-207（2013）

小林2015：小林宏司「判解」最判解民事篇平成24年度（上）pp. 1-17（2015）

財務省2017：財務省「平成29年度　税制改正の解説」
（https://warp.da.ndl.go.jp/info：ndljp/pid/11344177/www.mof.go.jp/tax_policy/tax
　　_reform/outline/fy2017/explanation/index.html）

金子2021：金子宏『租税法　第24版』弘文堂（2021）

第2講
法令用語の作法 (1)

1 プロローグ

教授 法令に「A及びB並びにC及びD」と書いてあった場合、どのように読みますか。

学生 ABのグループとCDのグループとがあって、これらが「並びに」でつながっている、と読みます。イメージを図に示すと、次のとおりです。

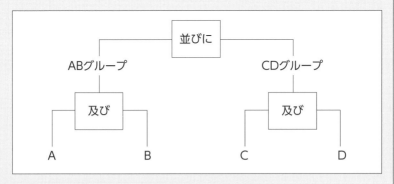

教授 そうですね。では、法令に「A若しくはB又はC若しくはD」と書いてあった場合、どのように読みますか。

学生　AB のグループと CD のグループとがあって、これらが「又は」で
つながっている、と読みます。イメージを図に示すと、次のとおりで
す。

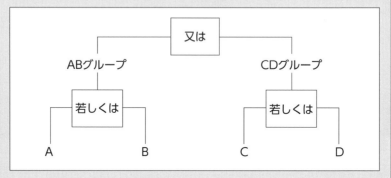

教授　そうですね。では、法令に「A 又は B に係る C 又は D」と書いて
あった場合、どのように読みますか。

学生　「A に係る C」という組み合わせと「B に係る D」という組み合わ
せとがある、と読みます。イメージを図に示すと、次のとおりです。

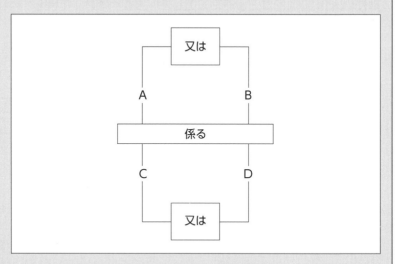

教授　「A に係る D」という組み合わせや「B に係る C」という組み合わ
せはありませんか。つまり、イメージを図に示すと、次の組み合わせ
はありませんか。

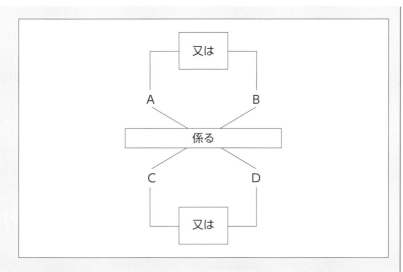

学生　こちらの組み合わせが正しく、先ほどの組み合わせは誤りだったということでしょうか。

教授　実は、両方の組み合わせがあり得ます。どちらの組み合わせが正しいかは、内容次第です。事例で確認してみましょう。

2　「たすき掛け」の有無 (1)

2.1　事 例

【事例1】

　国税通則法23条2項2号の「申告、更正又は決定に係る課税標準等又は税額等」は、「・・・又は・・・に係る・・・又は・・・」という構造になっている。

　これは、どのような組み合わせを意味するか。

国税通則法
(更正の請求)

第23条　（略）

2　納税申告書を提出した者又は第25条（決定）の規定による決定（以下この項において「**決定**」という。）を受けた者は、次の各号のいずれかに該当する場合（納税申告書を提出した者については、当該各号に定める期間の満了する日が前項に規定する期間の満了する日後に到来する場合に限る。）には、同項の規定にかかわらず、当該各号に定める期間において、その該当することを理由として同項の規定による更正の請求（以下「**更正の請求**」という。）をすることができる。

一　（略）

二　その申告、更正又は決定に係る課税標準等又は税額等の計算に当たってその申告をし、又は決定を受けた者に帰属するものとされていた所得その他課税物件が他の者に帰属するものとする当該他の者に係る国税の更正又は決定があったとき

　　当該更正又は決定があった日の翌日から起算して 2 月以内

三　（略）

3 ～ 7　（略）

2.2　検　討

　法令上の文言が、「又は」を用いて結合された文言を複数組み合わせて規定されている場合、以下のいずれを意味するかは、一般に、解釈により決定されます（平成29年裁決）。

１　全ての組み合わせを意味する　　　　　（たすき掛けあり）

２　ある特定の組み合わせのみを意味する　（たすき掛けなし）

　【事例 1 】は、上記**１**のパターンであり、イメージを図に示すと、**図表 1** のとおりとなります。

図表1

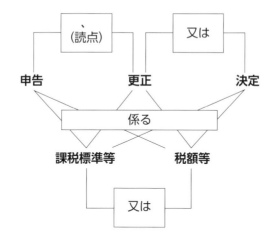

　これは、例えば、「申告」についてみると、「申告に係る課税標準等」という組み合わせを意味するだけでなく、「申告に係る税額等」という組み合わせも意味する、ということです。

2.3　結　論

次の全ての組み合わせを意味します。

(1)　申告に係る課税標準等

(2)　申告に係る税額等

(3)　更正に係る課税標準等

(4)　更正に係る税額等

(5)　決定に係る課税標準等

(6)　決定に係る税額等

3 「たすき掛け」の有無 (2)

3.1 事 例

【事例2】

国税通則法115条2項の「再調査の請求又は審査請求について決定又は裁決をした者」は、「・・・又は・・・について・・・又は・・・」という構造になっている。

これは、どのような組み合わせを意味するか。

> **国税通則法**
> **(不服申立ての前置等)**
> **第115条** (略)
> 2 国税に関する法律に基づく処分についてされた<u>再調査の請求又は審査請求について決定又は裁決をした者</u>は、その決定又は裁決をした時にその処分についての訴訟が係属している場合には、その再調査決定書又は裁決書の謄本をその訴訟が係属している裁判所に送付するものとする。

3.2 検 討

法令上の文言が、「又は」を用いて結合された文言を複数組み合わせて規定されている場合、以下のいずれを意味するかは、一般に、解釈により決定されます(平成29年裁決)。

1 全ての組み合わせを意味する　　　　(たすき掛けあり)
2 ある特定の組み合わせのみを意味する　(たすき掛けなし)

【事例2】は、上記**2**のパターンであり、イメージを図に示すと、**図表2**のとおりとなります。

図表2

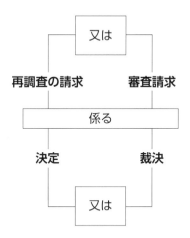

なぜこのように解釈すべきかについては、不服申立て制度についての理解が必要です。

一連の流れは、**図表3**のとおりで、一例を示すと、次のとおりです。

(1)　税務署長が行った更正処分に不服があるときは、処分を行った税務署長に対する「再調査の請求」を行うことができます。

(2)　上記(1)の「再調査の請求」の結果が「決定」です。

(3)　上記(2)の「決定」があった後の更正処分に、なお不服があるときには、国税不服審判所長に対して「審査請求」をすることができます。

(4)　上記(3)の「審査請求」の結果が「裁決」です。

(5)　上記(4)の「裁決」があった後の更正処分に、なお不服があるときは、裁判所に対して更正処分の取消しを求める訴えを提起することができます。

図表3

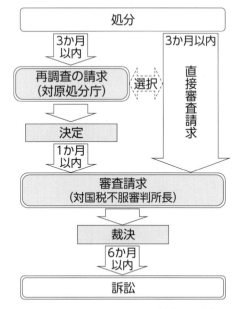

（出典：財務省2014、p.1124（一部加工））

3.3 結 論

次の組み合わせの🟡みを意味します。

(1) 再調査の請求について決定をした者

(2) 審査請求について裁決をした者

---

4 「たすき掛け」の有無 (3)

4.1 事 例

【事例3】

　法人税法施行令22条の4第1項2号の「（議決権のある）株式又は出資

の数又は金額」は、「・・・又は・・・の・・・又は・・・」という構造
になっている。

　これは、外国法人（配当支払法人）が株式会社である場合、次のいずれ
の組み合わせを意味していると解すべきか。

⑴　株式の数
⑵　株式の金額
⑶　出資の数
⑷　出資の金額

■関係法令等

法人税法施行令
（外国子会社の要件等）
第22条の4　法第23条の2第1項（外国子会社から受ける配当等の益金
　不算入）に規定する政令で定める要件は、次に掲げる割合のいずれか
　が100分の25以上であり、かつ、その状態が同項の内国法人が外国法人
　から受ける同項に規定する剰余金の配当等の額（以下この項、次項及
　び第4項において「剰余金の配当等の額」という。）の支払義務が確定
　する日（・・・）以前6月以上（・・・）継続していることとする。
一　当該外国法人の発行済株式又は出資（その有する自己の株式又は
　　出資を除く。）の総数又は総額（次号及び第6項において「**発行済
　　株式等**」という。）のうちに当該内国法人（・・・）が保有してい
　　るその株式又は出資の数又は金額の占める割合
二　当該外国法人の発行済株式等のうちの<u>議決権のある株式又は出資
　　の数又は金額</u>のうちに当該内国法人が保有している当該株式又は出
　　資の数又は金額の占める割合
2〜7　（略）

4.2　検　討

　法人税法施行令22条の4第1項2号の「（議決権のある）株式又は出資の数

又は金額」は、その文言に照らすと、論理的には、次の**1**のとおり解する余地もあれば、次の**2**のとおり解する余地もあります。

1　全ての組み合わせを意味する　　　　（たすき掛けあり）
2　ある特定の組み合わせのみを意味する　（たすき掛けなし）

この点について、大阪地裁令和 3 年判決は、次のとおり判示しています。

大阪地裁令和 3 年 9 月 28 日判決

ア　「議決権のある株式又は出資の数又は金額」の文理

　　1一般に、法令において、「A 又は B の C 又は D」と規定されている場合、通常、「A の C」、「A の D」、「B の C」及び「B の D」の 4 通りを意味すると解されるが、文理上、「A の C」及び「B の D」の 2 通りを意味すると解すべきこともある（例えば、国税通則法115条 2 項の「再調査の請求又は審査請求について決定又は裁決をした者」は、「再調査の請求について決定をした者」及び「審査請求について裁決をした者」の 2 通りを意味すると解すべきである。）。

　　そして、**2**法人税法施行令22条の 4 第 1 項 2 号の「議決権のある株式又は出資の数又は金額」についてみると、「議決権のある株式の数」、「議決権のある株式の金額」、「議決権のある出資の数」及び「議決権のある出資の金額」の 4 通りを意味すると解しても、いずれも不合理なものとはいえないから、上記の 4 通りと解するのが文理上は自然ということができる。

イ　外国子会社配当益金不算入制度の沿革

　　（略）

　　このように、**3**法人税法23条の 2 第 1 項及び法人税法施行令22条の 4 第 1 項は、旧法人税法69条 8 項及び旧法人税法施行令146条 1 項の「外国子会社」の要件の定めをそれぞれ引き継いだものである。

ウ　間接外国税額控除制度における「外国子会社」の要件の定めの沿革

　　（略）

　　これによると、**4**旧法人税法69条 8 項の施行までは、「外国子会社」の要件として規定されていた「数又は金額の株式又は出資」（・・・）、「株式又は出資の数又は金額」（・・・）という文言は、①「株式の数」又は②「出資の金額」の 2 通りを意味すると解するのが自然である。他方で、旧法人税法69条

　８項、旧法人税法施行令146条１項の施行により、「外国子会社」の要件の文言が変更されたことによって（株式又は出資の保有割合に係る要件の分母に相当する部分に関する文言が、「その発行済株式の総数又は出資金額」から「その発行済株式又は出資・・・の総数又は総額」に変更された。）、これらの施行後においては、「株式又は出資の数又は金額」という文言は、①「株式の数」、②「株式の金額」、③「出資の数」及び④「出資の金額」の４通りを意味すると解するのが自然である。
エ　小　括
　　5以上の法人税法施行令22条の４第１項２号の規定の文理（上記ア）、外国子会社配当益金不算入制度の沿革（上記イ）、間接外国税額控除制度における「外国子会社」の株式又は出資の保有割合に係る要件の定めの沿革（上記ウ）等に照らせば、同号の「議決権のある株式又は出資の数又は金額」は、①「議決権のある株式の数」、②「議決権のある株式の金額」、③「議決権のある出資の数」及び④「議決権のある出資の金額」の４通りを意味するものと解するのが相当である。

判決文の**1**〜**5**のポイントは、それぞれ次のとおりです。

1：法令において、「Ａ又はＢのＣ又はＤ」と規定されている場合、通常、「ＡのＣ」、「ＡのＤ」、「ＢのＣ」及び「ＢのＤ」の４通りを意味すると解されるが、文理上、「ＡのＣ」及び「ＢのＤ」の２通りを意味すると解すべきこともある。

2：法人税法施行令22条の４第１項２号の「議決権のある株式又は出資の数又は金額」は、次の４通りを意味すると解するのが文理上は自然である。

> ⑴　「議決権のある株式の数」
> ⑵　「議決権のある株式の金額」
> ⑶　「議決権のある出資の数」
> ⑷　「議決権のある出資の金額」

3：次の⑴に掲げる各規定は、次の⑵に掲げる各規定の「外国子会社」の要件の定めをそれぞれ引き継いだものである。

> (1)　**外国子会社配当益金不算入制度**
> 　　法人税法23条の 2 第 1 項
> 　　法人税法施行令22条の 4 第 1 項
> (2)　**間接外国税額控除制度**
> 　　旧法人税法69条 8 項
> 　　旧法人税法施行令146条 1 項

4：図表 4 によると、間接外国税額控除制度における「外国子会社」の要件として規定されていた「株式又は出資の数又は金額」という文言は、平成18年法律10号による改正法の施行前後において、それぞれ次のとおり解するのが自然である。

> (1)　**施行前（図表 4 の 1 ～ 3 ）**
> 　　イ　「株式の数」
> 　　ロ　「出資の金額」
> (2)　**施行後（図表 4 の 4 ）**
> 　　イ　「株式の数」
> 　　ロ　「株式の金額」
> 　　ハ　「出資の数」
> 　　ニ　「出資の金額」

5：上記**2**～**4**に照らせば、法人税法施行令22条の 4 第 1 項 2 号の「議決権のある株式又は出資の数又は金額」は、次の 4 通りを意味するものと解するのが相当である。

> (1)　「議決権のある株式の数」
> (2)　「議決権のある株式の金額」
> (3)　「議決権のある出資の数」
> (4)　「議決権のある出資の金額」

以上によれば、法人税法施行令22条の 4 第 1 項 2 号の「（議決権のある）株

式又は出資の数又は金額」は、全ての組み合わせを意味する（たすき掛けあり）ものと解されます（**図表5**参照）。

図表4

1	**法人税法10条の3第2項（昭和37年法律45号による改正後）** 　「内国法人が、この法律の施行地に本店又は主たる事務所を有しない法人で当該内国法人においてその@株式金額又は⑧出資金額の100分の25以上に相当する@株式又は⑧出資を有していることその他の命令で定める要件を備えているもの（以下この項において**外国子会社**という。）」 **法人税法施行規則23条の5（昭和37年政令95号による改正後）** 　「法第10条の3第2項に規定する法施行地に本店又は主たる事務所を有しない法人（以下本項において外国の法人という。）に係る命令で定める要件は、左の各号に掲げる要件とする。 　一　法第10条の3第2項の内国法人が当該外国の法人から受ける同項の配当（以下本条において**配当**という。）の支払が確定する日以前6月以上引き続き、当該外国の法人の@発行済み株式の総数若しくは⑧出資金額の100分の25以上に相当する@数の株式若しくは⑧金額の出資又は当該外国の法人の発行済みの©議決権のある株式の総数の100分の25以上に相当する©数の当該株式を有すること。 　二　当該外国の法人が自ら事業活動を行なうことを目的としない法人又は主として租税上の理由により当該外国に本店若しくは主たる事務所を設けた法人でないこと。」
2	**法人税法70条4項（昭和40年法律34号による改正後）** 　「外国子会社（その@発行済株式の総数又は⑧出資金額の100分の25以上に相当する@数又は⑧金額の株式又は⑧出資がその内国法人により所有されていることその他の政令で定める要件を備えている外国法人をいう。・・・）」 **法人税法施行令146条1項（昭和40年政令97号による改正後）** 　「法70条第4項（外国子会社の配当等に係る外国税額の控除）に規定する政令で定める要件は、次の各号に掲げる要件とする。 　一　当該外国法人の@発行済株式の総数若しくは⑧出資金額の100分の25以上に相当する@数若しくは⑧金額の株式若しくは⑧出資又は当該外国法人の発行済株式のうち©議決権のある株式の総数の100分の25以上に相当する©数の当該株式が、法70条第4項の内国法人により、その内国法人が交付を受ける同

項に規定する配当等の額の支払義務が確定する日以前 6 月以上引き続いて所有されていること。
二　自ら事業活動を行うことを目的としない外国法人又は主として租税負担の軽減を目的として外国に本店若しくは主たる事務所を設けた外国法人でないこと。」

	法人税法69条 8 項（平成14年法律79号による改正後） 　「外国子会社（当該内国法人が保有しているその[A]株式又は[B]出資の[A]数又は[B]金額がその[A]発行済株式の総数又は[B]出資金額（その有する自己の株式又は出資を除く。）の100分の25以上に相当する[A]数又は[B]金額となっていることその他の政令で定める要件を備えている外国法人をいう。）」
3	**法人税法施行令146条 1 項（平成14年政令271号による改正後）** 　「法第69条第 8 項（外国子会社の配当等に係る外国税額の控除）に規定する政令で定める要件は、次に掲げる割合のいずれかが100分の25以上であり、かつ、その状態が同項の内国法人が当該外国法人から受ける利益の配当又は剰余金の分配の額（以下この項及び次条において「**配当等の額**」という。）の支払義務が確定する日以前 6 月以上（当該外国法人が当該確定する日以前 6 月以内に設立された法人である場合には、その設立の日から当該確定する日まで）継続していることとする。 　一　当該外国法人の[A]発行済株式の総数又は[B]出資金額（その有する自己の株式又は出資を除く。以下この条において「**発行済株式等**」という。）のうちに当該内国法人・・・が保有しているその[A]株式の数又は[B]出資の金額の占める割合 　二　当該外国法人の発行済株式等のうちの議決権のある[C]株式の数又は[D]出資の金額のうちに当該内国法人が保有している当該[C]株式の数又は[D]出資の金額の占める割合」
	法人税法69条 8 項（平成18年法律10号による改正後） 　「外国子会社（当該内国法人が保有しているその[A-1]、[A-2]株式又は[B-1]、[B-2]出資の[A-1]、[B-1]数又は[A-2]、[B-2]金額がその[A-1]、[A-2]発行済株式又は[B-1]、[B-2]出資（その有する自己の株式又は出資を除く。）の[A-1]、[B-1]総数又は[A-2]、[B-2]総額の100分の25以上に相当する[A-1]、[B-1]数又は[A-2]、[B-2]金額となっていることその他の政令で定める要件を備えている外国法人をいう。）」

法人税法施行令146条 1 項（平成18年政令125号による改正後）

4

「法第69条第 8 項（外国子会社の配当等に係る外国税額の控除）に規定する政令で定める要件は、次に掲げる割合のいずれかが100分の25以上であり、かつ、その状態が同項の内国法人が当該外国法人から受ける同項に規定する剰余金の配当若しくは利益の配当又は剰余金の分配の額（以下この項及び次条において「**配当等の額**」という。）の支払義務が確定する日以前 6 月以上（当該外国法人が当該確定する日以前 6 月以内に設立された法人である場合には、その設立の日から当該確定する日まで）継続していることとする。

一　当該外国法人のⒶ-1、Ⓐ-2発行済株式又はⒷ-1、Ⓑ-2出資（その有する自己の株式又は出資を除く。）のⒶ-1、Ⓑ-1総数又はⒶ-2、Ⓑ-2総額（以下この条において「**発行済株式等**」という。）のうちに当該内国法人・・・が保有しているそのⒶ-1、Ⓐ-2株式又はⒷ-1、Ⓑ-2出資のⒶ-1、Ⓑ-1数又はⒶ-2、Ⓑ-2金額の占める割合

二　当該外国法人の発行済株式等のうちの議決権のある©-1、©-2株式又は⒟-1、⒟-2出資の©-1、©-1数又は©-2、⒟-2金額のうちに当該内国法人が保有している当該©-1、©-2株式又は⒟-1、⒟-2出資の©-1、⒟-1数又は©-2、⒟-2金額の占める割合」

図表5

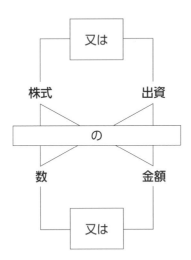

4.3　結　論

次の全ての組み合わせを意味します（大阪地裁令和 3 年判決）。

⑴　株式の数

⑵　株式の金額

⑶　出資の数

⑷　出資の金額

🔍 クローズアップ

　大阪地裁令和 3 年判決の原告は、平成30年裁決を不服として、訴訟を提起したものですが、この平成30年裁決は、次のとおり説示しています（以下、配当を受ける内国法人を「P 社」と、配当を支払う外国法人を「S 社」といいます）。

- 「（議決権のある）株式又は出資の数又は金額」が、〈1〉全ての組み合わせを意味するのか、それとも、〈2〉ある特定の組み合わせのみを意味するのかについては、組織形態などの点を考慮した解釈により決定される。

- 外国子会社配当益金不算入制度の対象となる「外国子会社」に該当するか否かは、外国法人の経営判断への支配力（影響力）をもって判断すべきである。

- 外国法人が株式会社である場合、「株式の数」のみが、当該外国法人の経営判断への支配力（影響力）を示すものであり、外国子会社の判断基準として相当な組み合わせである。

- S 社の議決権のある株式の総数に占める P 社が保有する S 社の議決権のある「株式の数」の割合は、201分の 1 である[※1]。

※1　議決権のない株式も含めたところで判定すると、S 社の株式の総数に占める P 社が保有する S 社の「株式の数」の割合は、10,301分の 1 となります。

●以上によれば、S 社は、P 社の「外国子会社」に該当しない。

　これに対して、大阪地裁令和 3 年判決は、上記**4.2**のとおり、「株式又は出資の数又は金額」は全ての組み合わせを意味すると解した上で、次のとおり判示しています。

●S 社の議決権のある株式の総数に占める P 社が保有する S 社の議決権のある「株式の数」の割合は、25％に満たない。
●S 社の議決権のある株式の総額に占める P 社が保有する S 社の議決権のある「株式の金額」※2の割合は、25％に満たない。
●S 社は株式を発行する法人であるため、議決権のある「出資の数」又は議決権のある「出資の金額」によって判定することはできない。
●以上によれば、S 社は、P 社の「外国子会社」に該当しない。

5　エピローグ

学生　「たすき掛け」の有無は、文言だけから判断できるものではないということが分かりました。
教授　そうですね。大阪地裁令和 3 年判決は、「たすき掛け」の有無について、納税者と課税庁との間で見解の相違が生じて、訴訟にまで進んだという事案です。
学生　納税者は、主にどのような主張をしたのですか。裁決と判決で、判断が少し異なるようですが。

※2　大阪地裁令和 3 年判決は、法人税法23条の 2 第 1 項の委任の趣旨について、「〔法人税法23条の 2 第 1 項は〕多種多様な制度から成る外国法人のうち、どのような法人を外国子会社配当益金不算入制度の対象とするかといった専門技術的な判断を政令に委ねたものであり、また、内国法人が外国法人に対して実質的な支配力を有しているか否かに関わらない簡明な判定基準を採用することも許容するものと解するのが相当である」とした上で、「『株式の金額』の文理（・・・）、法人税法23条の 2 第 1 項の委任の趣旨（・・・）に照らせば・・・『株式の金額』とは、株式の額面金額をいうものと解するのが相当である」と判示しています。

教授　納税者は、株式引受けのための払込金額を「株式の金額」とした上
で、議決権のある「株式の金額」の保有割合によって判定すれば、「外
国子会社」に該当すると主張しました。

　　これに対して、平成30年裁決は、そもそも「株式の金額」による判
定は認められないと判断しました。

　　一方、大阪地裁令和3年判決は、「株式の金額」による判定も認め
ましたが、「株式の金額」は額面金額をいうとした上で、納税者の保
有する株式は、無額面株式であったため、「株式の金額」によって判
定しても、結局、「外国子会社」に該当しない、と判断しました。

学生　「たすき掛け」の有無の点では、審判所と地裁で判断が分かれたと
いうことですか。

教授　そうですね。審判所は、「支配力」という趣旨に着目したのに対し
て、地裁は、文理に着目し、「外国子会社」の定めの沿革をたどって
います。法令は、新設されたものは別として、改正の積み重ねの結
果、現在のような書きぶりになっているので、沿革をたどることで、
理解が深まる場合もありますね。

参考文献等

平成29年裁決：国税不服審判所裁決平成29年10月11日（TAINS／コード F0-1-878）

平成30年裁決：国税不服審判所裁決平成30年12月14日審判所 HP 参照

大阪地裁令和3年判決：大阪地判令和3年9月28日裁判所 HP 参照（令和元年（行ウ）
68号）

財務省2014：財務省「平成26年度　税制改正の解説」
（https：//warp.da.ndl.go.jp/info：ndljp/pid/9551815/www.mof.go.jp/tax_policy/
tax_reform/outline/fy2014/explanation/index.html）

第3講
法令用語の作法 (2)

1 プロローグ

教授 法令用語のルールとして、「その他」と「その他の」の使い分けは重要です。

学生 「の」が入っているか、いないかで、違いがあるということでしょうか。

教授 そうです。この使い分けに関連した裁判例があるので、事例で確認してみましょう。

学生 「その他」以外に、使い分けが重要なものはありますか。

教授 「前項の場合」と「前項に規定する場合」の使い分けも重要です。また、使い分けではありませんが、「当該」は様々な意味で使われます。両方とも実例を確認してみましょう。

2 「その他」「その他の」⑴

2.1 事 例

【事例1】

　後記の空欄 ア ・ イ に入れる語として適切なものは、それぞ
れ次の①・②のうちどれか。

① 「その他」

② 「その他の」

　　法人税法

　　(定義)

　　第2条　この法律において、次の各号に掲げる用語の意義は、当該各号
　　に定めるところによる。

　　　一～二十　（略）

　　　二十一　有価証券

　　　　　金融商品取引法（・・・）第2条第1項（定義）に規定する有価証
　　　券 ア これに準ずるもので政令で定めるもの（・・・）をいう。

　　　二十二　固定資産

　　　　　土地（土地の上に存する権利を含む。）、減価償却資産、電話加入
　　　権 イ 資産で政令で定めるものをいう。

　　　二十三　減価償却資産

　　　　　建物、構築物、機械及び装置、船舶、車両及び運搬具、工具、器
　　　具及び備品、鉱業権その他の資産で償却をすべきものとして政令で
　　　定めるものをいう。

　　　二十四～四十四　（略）

　　法人税法施行令

　　(有価証券に準ずるものの範囲)

　　第11条　法第2条第21号（有価証券の意義）に規定する政令で定める有

価証券は、次に掲げるものとする。

一　金融商品取引法第2条第1項第1号から第15号まで（定義）に掲げる有価証券及び同項第17号に掲げる有価証券（・・・）に表示されるべき権利（これらの有価証券が発行されていないものに限る。）

二　銀行法（・・・）第10条第2項第5号（業務の範囲）に規定する証書をもつて表示される金銭債権のうち財務省令で定めるもの

三　合名会社、合資会社又は合同会社の社員の持分、協同組合等の組合員又は会員の持分その他法人の出資者の持分

四　株主又は投資主（・・・）となる権利、優先出資者（・・・）となる権利、特定社員（・・・）又は優先出資社員（・・・）となる権利その他法人の出資者となる権利

（固定資産の範囲）

第12条　法第2条第22号（定義）に規定する政令で定める資産は、棚卸資産、有価証券、資金決済に関する法律（・・・）第2条第5項（定義）に規定する暗号資産及び繰延資産以外の資産のうち次に掲げるものとする。

一　土地（土地の上に存する権利を含む。）

二　次条各号に掲げる資産

三　電話加入権

四　前3号に掲げる資産に準ずるもの

（減価償却資産の範囲）

第13条　法第2条第23号（定義）に規定する政令で定める資産は、棚卸資産、有価証券及び繰延資産以外の資産のうち次に掲げるもの（・・・）とする。

一　建物及びその附属設備（・・・）

二　構築物（・・・）

三　機械及び装置

四～九　（略）

2.2　検　討

2.2.1　法令用語のルール

　法令において、「A、B、C その他 D」という場合、通常、A~D は並列の関係にあります。

　イメージを図に示すと、**図表 1** のとおりです。

図表 1

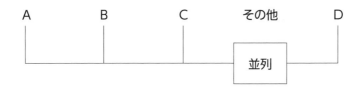

　これに対して、法令において、「A、B、C その他の D」という場合、通常、A~C は D の例示となっています。

　イメージを図に示すと、**図表 2** のとおりです。

図表 2

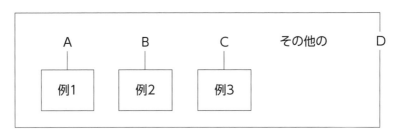

🔍 クローズアップ

　「その他」と「その他の」は、法令上、使い分けがされていますが、この使い分けのルールから外れているように見える例もあります。

　例えば、日本国憲法21条1項は、次のとおり規定しています。

> **日本国憲法**
> **（集会、結社及び表現の自由と通信秘密の保護）**
> **第21条**　集会、結社及び言論、出版<u>その他</u>一切の表現の自由は、これを保
> 　障する。
> 2　（略）

　この「その他」の用法については、「前後の語句の関係からいえば、『その他の』の方が適切かと思われる場面ですが、語呂や語感の関係でこうなっている、とよく説明されます」という指摘があります（法制執務・法令用語研究会2021、p. 96）。

2.2.2 　ア　について

　　ア　は、次の**1**と**2**をつないでいます。

1　金融商品取引法2条1項に規定する有価証券
2　これに準ずるもので政令で定めるもの

　上記**2**の「政令で定めるもの」は、具体的には、法人税法施行令11条に掲げられているものをいいます。

　ここで、上記**1**と**2**を比較すると、**図表3**のとおりです。

図表3

1	**2**
・金融商品取引法上の有価証券	
	・金融商品取引法上の有価証券（一部）に表示されるべき権利（有価証券が発行されていないものに限る） ・銀行法10条2項5号に規定する証書をもって表示される一定の金銭債権 　▷譲渡性預金の預金証書をもって表示される金銭債権（法規8の2の4） ・持分会社（合名・合資・合同）の社員の持分、法人の出資者の持分など ・株主又は投資主となる権利、法人の出資者となる権利など

$$\boxed{\quad ア \quad}$$

図表3によると、上記**1**と**2**に重複はなく、両者は別物であることが分かります。

すなわち、上記**1**と**2**は並列の関係にあります。

ところで、「その他」は並列の場合に、「その他の」は例示の場合にそれぞれ用いられるものでした。

したがって、　**ア**　には、「その他」が入ると考えられます。

2.2.3 　**イ**　について

　イ　は、次の**1**と**2**をつないでいます。

1　土地（土地の上に存する権利を含む）、減価償却資産、電話加入権

2　資産で政令で定めるもの

上記**2**の「政令で定めるもの」は、具体的には、法人税法施行令12条に掲げられているものをいいます。

ここで、上記**1**と**2**を比較すると、**図表4**のとおりです。

図表4

1	**2**
・土地（土地の上に存する権利を含む）	・土地（土地の上に存する権利を含む）
・減価償却資産	・次条各号に掲げる資産 ➤減価償却資産（法令13）
・電話加入権	・電話加入権
	・前3号に掲げる資産に準ずるもの

```
            └──────────┬──────────┘
                   │   イ   │
```

　図表4によると、「土地（・・・）」、「減価償却資産」、「電話加入権」は、上記**1**と**2**で重複しており、**2**が**1**を包含する関係にあることが分かります。

　すなわち、上記**1**は**2**の例示となっています。

　ところで、「その他」は並列の場合に、「その他の」は例示の場合にそれぞれ用いられるものでした。

　したがって、　イ　には、「その他の」が入ると考えられます。

2.3　結　論

　　ア　：①　「その他」
　　イ　：②　「その他の」

3 「その他」「その他の」⑵

3.1 事 例

【事例 2 】
次の文章は、名古屋地裁平成21年判決の判決文の抜粋である。

┌──────────────┐
│   │ に入る文章を200字程度で記せ。
└──────────────┘

名古屋地裁平成21年 9 月30日判決

❶本件においては、本件和解金※1が施行令30条 2 号にいう「不法行為その他突発的な事故により資産に加えられた損害につき支払を受ける損害賠償金」に当たるかどうかが問題となるところ、この点につき、❷被告は、同号にいう「不法行為」とは、「突発的な事故」と同様の不法行為、すなわち、相手方との合意に基づかない突発的で予想することができない不法行為を意味するものであると主張する。

しかしながら、❸┌──────────────┐。また、❹不法行為の態様
└──────────────┘
が、突発的な事故ないしそれと同様の態様によるものであるか、又はそれ以外の態様によるものであるかによって、当該不法行為に係る損害賠償金の担税力に差異が生ずるものではないから、損害賠償金が非課税所得とされている立法趣旨に照らしても、同号にいう「不法行為」は突発的な事故と同様の態様によるものに限られると解する理由はない。

■関係法令等

所得税法施行令
（非課税とされる保険金、損害賠償金等）
第30条 法第 9 条第 1 項第18号（非課税所得）に規定する政令で定める

※ 1 「本件和解金」とは、納税者が先物取引によって損害を被ったことについて、当該先物取引の委託先が、営業担当者に非があったとして、納税者に支払った金員をいいます。

保険金及び損害賠償金（これらに類するものを含む。）は、次に掲げる
ものその他これらに類するもの（これらのものの額のうちに同号の損
害を受けた者の各種所得の金額の計算上必要経費に算入される金額を
補填するための金額が含まれている場合には、当該金額を控除した金
額に相当する部分）とする。

一　（略）

二　損害保険契約に基づく保険金及び損害保険契約に類する共済に係
る契約に基づく共済金（前号に該当するもの及び第184条第4項（損
害保険契約等に基づく年金に係る雑所得の金額の計算上控除する保
険料等）に規定する満期返戻金等その他これに類するものを除く。）
で資産の損害に基因して支払を受けるもの並びに<u>不法行為</u>[その他]
<u>突発的な事故</u>により資産に加えられた損害につき支払を受ける損害
賠償金（これらのうち第94条（事業所得の収入金額とされる保険金
等）の規定に該当するものを除く。）

三　（略）

3.2　検　討

3.2.1　[＿＿＿＿＿＿＿＿＿]以外の部分について

【事例2】の判決文の**1**〜**4**のポイントは、それぞれ次のとおりです。

1：争　点

　　本件和解金が、所得税法施行令30条2号にいう「<u>不法行為</u>[その他]突
<u>発的な事故</u>により資産に加えられた損害につき支払を受ける損害賠償
金」に当たるかどうか。

2：被告（国側）の主張

　　所得税法施行令30条2号にいう「不法行為」とは、「突発的な事故」と
同様の不法行為を意味する。

3：裁判所の判断(1)

　　[＿＿＿＿＿＿＿＿＿＿＿＿＿＿＿＿＿＿＿＿＿]

4：裁判所の判断(2)

　　損害賠償金が非課税所得とされている立法趣旨に照らしても、「不法

行為」は突発的な事故と同様の態様によるものに限られると解する理由
はない。

上記**4**の後半に、「『不法行為』は突発的な事故と同様の態様によるものに限ら
れると解する理由はない」とあるのは、名古屋地裁平成21年判決の結論を示
すものです。

また、上記**4**の前半に「立法趣旨に照らしても」という文言があることか
ら、上記**4**は、趣旨解釈による判断であると考えられます。

そうすると、上記**3**は、文理解釈による判断であろうと予想されます。

なぜなら、文理解釈と趣旨解釈とは、いわば〝車輪の両輪〟の関係にあるか
らです。

3. 2. 2 〔　　　　　　　　　〕の部分について

上記**3**は、文理解釈による判断であろうという予想の下、所得税法施行令30
条2号の文理についてみると、同号は、「不法行為『その他』突発的な事故」と
規定しています。

この「その他」は並列関係を意味するものでしたから、「不法行為『その他』
突発的な事故」とあるのは、**図表5**のとおり解釈すべきである、と考えられま
す。

図表5

以上のことから、〔　　　　　　　　　〕は、文理上、「不法行為」と「突発
的な事故」が並列関係にあることを踏まえて、「不法行為」は「突発的な事故」
と同様の態様によるものに限られない、という判断を示しているところであろ
うと予想されます。

3.3 結 論

　名古屋地裁平成21年判決の原文は、次のとおりで、下線部が空欄に入る文章です。

名古屋地裁平成21年９月30日判決
　本件においては、本件和解金が施行令30条２号にいう「不法行為その他突発的な事故により資産に加えられた損害につき支払を受ける損害賠償金」に当たるかどうかが問題となるところ、この点につき、被告は、同号にいう「不法行為」とは、「突発的な事故」と同様の不法行為、すなわち、相手方との合意に基づかない突発的で予想することができない不法行為を意味するものであると主張する。
　しかしながら、施行令30条２号は、「不法行為その他突発的な事故」と規定しているのであり、「不法行為その他の突発的な事故」と規定しているのではない。法令における「その他」と「その他の」の使い分けに関する一般的な用語法に照らせば、同号において「不法行為」と「突発的な事故」は並列関係にあるものとして規定されていると解されるのであって、文言上、同号にいう「不法行為」を被告が主張するように限定的に解すべき根拠はない。また、不法行為の態様が、突発的な事故ないしそれと同様の態様によるものであるか、又はそれ以外の態様によるものであるかによって、当該不法行為に係る損害賠償金の担税力に差異が生ずるものではないから、損害賠償金が非課税所得とされている立法趣旨に照らしても、同号にいう「不法行為」は突発的な事故と同様の態様によるものに限られると解する理由はない。

---

4 「前項の場合」「前項に規定する場合」

4.1 「前項の場合において」

　「前項の場合において」は、前項の全部を受ける場合に用いられます（法制執務研究会2018、p.765）。
　例えば、国税通則法５条は、次のとおり規定しています。

国税通則法

（相続による国税の納付義務の承継）

第 5 条　相続（・・・）があった場合には、相続人（・・・）又は民法（・・・）
　　第951条（相続財産法人の成立）の法人は、その被相続人（・・・）に課され
　　るべき、又はその被相続人が納付し、若しくは徴収されるべき国税（・・・）
　　を納める義務を承継する。この場合において、相続人が限定承認をしたとき
　　は、その相続人は、相続によって得た財産の限度においてのみその国税を納
　　付する責めに任ずる。

2　前項前段の場合において、相続人が 2 人以上あるときは、各相続人が同項
　　前段の規定により承継する国税の額は、同項の国税の額を民法第900条から第
　　902条まで（法定相続分・代襲相続人の相続分・遺言による相続分の指定）の
　　規定によるその相続分により按分して計算した額とする。

3　前項の場合において、相続人のうちに相続によって得た財産の価額が同項
　　の規定により計算した国税の額を超える者があるときは、その相続人は、そ
　　の超える価額を限度として、他の相続人が前 2 項の規定により承継する国税
　　を納付する責めに任ずる。

　この規定中、3 項の「前項の場合」は、2 項の全部を受ける、と解されます。
　すなわち、3 項は、2 人以上の相続人が、被相続人の国税の額を法定相続分
等で承継した場合（2 項）において、ある相続人が相続によって得た財産の価
額が承継税額を超えるときは、その超過分を限度として、他の相続人が承継す
る税額の納付責任を負う、という趣旨になります。

図表6

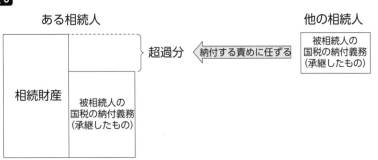

4.2 「前項に規定する場合において」

　「前項に規定する場合において」は、当該前項に仮定的条件を示す「・・・の場合において（は）」という部分がある場合に、この部分を受けて「その場合」という意味を表そうとするときに用いられます（法制執務研究会2018、pp. 764-765）。

　例えば、国税通則法12条は、次のとおり規定しています。

国税通則法
（書類の送達）
第12条　国税に関する法律の規定に基づいて税務署長その他の行政機関の長又はその職員が発する書類は、郵便若しくは民間事業者による信書の送達に関する法律（・・・）第２条第６項（定義）に規定する一般信書便事業者若しくは同条第９項に規定する特定信書便事業者による同条第２項に規定する信書便（以下「**信書便**」という。）による送達又は交付送達により、その送達を受けるべき者の住所又は居所（・・・）に送達する。ただし、その送達を受けるべき者に納税管理人があるときは、その住所又は居所に送達する。
　2　通常の取扱いによる郵便又は信書便によって前項に規定する書類を発送した 場 には、その郵便物又は民間事業者による信書の送達に関する法律第２条第３項（定義）に規定する信書便物（以下「**信書便物**」という。）は、通常到達すべきであった時に送達があったものと推定する。
　3　税務署長その他の行政機関の長は、前項に規定する場合には、その書類の名称、その送達を受けるべき者（・・・）の氏名（・・・）、あて先及び発送の年月日を確認するに足りる記録を作成して置かなければならない。
　4・5　（略）

　この規定中、３項の「前項に規定する場合」は、２項の「通常の取扱いによる郵便又は信書便によって前項に規定する書類を発送した場合」を受ける、と解されます。

　すなわち、３項は、書類を発送した場合には、文書発送簿を作成し、これに記録しておかなければならない、という趣旨になります。

5　「当該」

5.1　同一のものであることを示す語として用いられる場合

　「当該」の１つ目の用例として、ある規定中の特定の対象をとらえて、それと同一のものであることを示す語として用いられる例があります（法制執務研究会2018、pp. 779–780）。

　例えば、法人税法13条は、次のとおり規定しています。

法人税法
（事業年度の意義）
第13条　（略）

2　法令及び定款等に会計期間の定めがない法人は、次の各号に掲げる法人の区分に応じ当該各号に定める日以後２月以内に、会計期間を定めてこれを納税地の所轄税務署長に届け出なければならない。

　一・二　（略）

3　前項の規定による届出をすべき法人（人格のない社団等を除く。）がその届出をしない場合には、納税地の所轄税務署長は、その会計期間を指定し、当該法人に対し、書面によりその旨を通知する。

4　（略）

　この規定中、２項は、法令及び定款等に会計期間の定めがない法人は、会計期間を定めて、所轄税務署長に届け出なければならない、と規定しています。

　これを受けて、３項は、届出を怠った法人に対して、所轄税務署長が、会計期間を指定し、これを書面により通知する、と規定しています。

　３項の「当該法人」（通知の相手方）は、「届出をすべき法人」と同一のものであることを示しています。

5.2 「そこで問題となっているそれぞれの」という意味で用いられる場合

　「当該」の2つ目の用例として、「そこで問題となっているそれぞれの」というような意味を有する語として用いられる例があります（法制執務研究会2018、p. 780）。

　例えば、法人税法122条は、次のとおり規定しています。

法人税法
（青色申告の承認の申請）
第122条　当該事業年度以後の各事業年度の前条第1項各号に掲げる申告書を青色の申告書により提出することについて同項の承認を受けようとする内国法人（連結申告法人を除く。）は、当該事業年度開始の日の前日までに、当該事業年度開始の日その他財務省令で定める事項を記載した申請書を納税地の所轄税務署長に提出しなければならない。
2　（略）

　青色申告書の承認の申請は、青色申告によって申告書を提出しようとする事業年度開始の日の前日までに行わなければなりません。

　上記規定中、1項の「当該事業年度」は、「青色申告によって申告書を提出しようとする最初の事業年度」を念頭に置いている、と解されます。

5.3 「該当するそれぞれの号」という意味で用いられる場合

　「当該」の3つ目の用例として、ある事柄が各号形式で規定される場合、「当該各号」の表現により、「該当するそれぞれの号」といった意味を表すために用いられる例があります（法制執務研究会2018、p. 781）。

　例えば、国税通則法12条は、次のとおり規定しています。

国税通則法

（書類の送達）

第12条　（略）

2・3　（略）

4　交付送達は、当該行政機関の職員が、第1項の規定により送達すべき場所において、その送達を受けるべき者に書類を交付して行なう。ただし、その者に異議がないときは、その他の場所において交付することができる。

5　次の各号の一に掲げる場合には、交付送達は、前項の規定による交付に代え、当該各号に掲げる行為により行なうことができる。

一　送達すべき場所において書類の送達を受けるべき者に出会わない場合
　　その使用人その他の従業者又は同居の者で書類の受領について相当のわきまえのあるものに書類を交付すること。

二　書類の送達を受けるべき者その他前号に規定する者が送達すべき場所にいない場合又はこれらの者が正当な理由がなく書類の受領を拒んだ場合
　　送達すべき場所に書類を差し置くこと。

　この規定中、4項は、交付送達は、名あて人に書類を交付して行う、と規定しています。

　ただし、名あて人に出会わないケースや、名あて人が受領を拒むケースなども考えられるので、5項は、1号と2号に分けて、それぞれのケースにおける送達方法を規定しています。

　すなわち、5項の「次の各号の一に掲げる場合」と「当該各号に掲げる行為」が指すものは、それぞれ**図表7**のとおりである、と解されます。

図表7

	次の各号の一に掲げる場合	当該各号に掲げる行為
第1号	送達すべき場所において書類の送達を受けるべき者に出会わない場合	使用人や同居人などで、書類の受領について相当のわきまえのあるものに書類を交付すること
第2号	書類の送達を受けるべき者が送達すべき場所にいない場合や、その者が正当な理由なく書類の受領を拒んだ場合など	送達すべき場所に書類を差し置くこと

5.4 「職制上の権限を与えられている公務員」という意味で用いられる場合

「当該」の４つ目の用例として、職制上又は特別の委任により一定の行政上の権限を与えられている国又は地方公共団体の職員を意味するものとして、「当該職員」というように用いられる例があります（法制執務研究会2018、p. 782）。

例えば、国税通則法74条の２は、次のとおり規定しています。

国税通則法
（当該職員の所得税等に関する調査に係る質問検査権）
第74条の２　国税庁、国税局若しくは税務署（以下「**国税庁等**」という。）又は税関の当該職員（・・・）は、所得税、法人税、地方法人税又は消費税に関する調査について必要があるときは、次の各号に掲げる調査の区分に応じ、当該各号に定める者に質問し、その者の事業に関する帳簿書類その他の物件（・・・）を検査し、又は当該物件（・・・）の提示若しくは提出を求めることができる。
　一～四　（略）
　2～5　（略）

この規定中、第１項の「当該職員」は、職制上、質問検査権を与えられた公務員、と解することができます。

6　エピローグ

学生　法令用語のルールを知らないと、法令の読み間違いのもとになると感じました。
教授　そうですね。法令の書き手は、一定のルールに従って、法令を書かれています。であれば、法令の読み手としても、ルールを知っておくことが必要です。

学生　第２講と第３講で出てきたもの以外に、どのような法令用語のルールがありますか。

教授　第４講で取り上げる「期間と期限」は重要です。

　　　また、第５講で触れる「推定する」と「みなす」の使い分けも重要です。

　　　このほか、本書では取り上げていませんが、「直ちに」、「速やかに」、「遅滞なく」も使い分けがされています※2。

　　　また、誤りやすいものとして、「ないし」があります。例えば、日常会話で「１ないし５」というと、「１または５」の意味ですが、法令や判決文で「１ないし５」という場合、「１から５まで」の意味で使われているのが一般的です。

学生　どれも似たような用語ですので、どちらがどちらか分からなくなりそうです。

教授　「参考文献等」にも載せていますが、〝ルール・ブック〟を一冊、手元に置いておくと心強いと思います。

参考文献等

名古屋地裁平成21年判決：名古屋地判平成21年９月30日（D1-Law.com 判例体系／判例 ID28161143）

法制執務研究会2018：法制執務研究会『新訂　ワークブック法制執務　第２版』ぎょうせい（2018）

法制執務・法令用語研究会2021：法制執務・法令用語研究会『条文の読み方　第２版』有斐閣（2021）

※2　「直ちに」は、この３つのうちで最も時間的即時性が強いもので、その懈怠は義務違反とされることが多いですが、別の用例もあって、「通常の場合にとるべき一定の手続をとらないで」というような趣旨で用いられることもあります。

　　「速やかに」は、「直ちに」よりは時間的即時性が弱く、訓示的な意味を持つにとどまることが多いとされています。

　　「遅滞なく」は、「速やかに」よりもさらに時間的即時性が弱く、正当な理由に基づく遅れは許されるものと解されています（法制執務・法令用語研究会2021、pp. 115-117）。

第4講
期間と期限

1 プロローグ

教授 所得税の申告期限が何月何日かはご存知ですね。

学生 通常の年であれば、3月15日です。

教授 その根拠法令はご存知ですか。

学生 根拠法令まで調べたことはありませんでしたが、国税庁の呼びかけなどもあって、常識のように思っていました。

教授 実は、所得税法120条1項に、「2月16日から3月15日まで」という日付まで定められているのです。

学生 そうでしたか。

教授 このように日付まで定められていればよいのですが、期限に関する規定は、通常、「・・・の日から○月以内」というような書きぶりになっていて、自分でカウントしなければなりません。カウントを間違えると、大事故につながりかねませんので、いろいろなパターンを事例で確認してみましょう。

2 ○○の日以後1年以内、○○の日から2月以内

2.1 事例

【事例1】

国税通則法46条1項は、次のとおり規定している。

> **国税通則法**
> **(納税の猶予の要件等)**
> **第46条** 税務署長・・・は、震災、風水害、落雷、火災その他これらに類する災害により納税者がその財産につき相当な損失を受けた場合において、その者がその 損失を受けた日 以後1年以内に納付すべき国税で次に掲げるものがあるときは、政令で定めるところにより、その 災害のやんだ日 から2月以内にされたその者の申請に基づき、その納期限・・・から1年以内の期間・・・を限り、その国税の全部又は一部の納税を猶予することができる。
> 一〜三 (略)

この規定中、「損失を受けた日」が×1年6月1日、「災害のやんだ日」が×1年8月1日であるとする。

この場合、次に掲げる期間の満了日(点)は、それぞれいつになるか[1]。

(1) 災害のやんだ日から2月以内

(2) 損失を受けた日以後1年以内

■関係法令

> **国税通則法**
> **(期間の計算及び期限の特例)**
> **第10条** 国税に関する法律において日、月又は年をもって定める期間の計算は、次に定めるところによる。

---

[1] 簡単のため、休日等は考慮しないものとします。

　一　期間の初日は、算入しない。ただし、その期間が午前零時から始
　　まるとき、又は国税に関する法律に別段の定めがあるときは、この
　　限りでない。
　二　期間を定めるのに月又は年をもってしたときは、暦に従う。
　三　前号の場合において、月又は年の始めから期間を起算しないとき
　　は、その期間は、最後の月又は年においてその起算日に応当する日
　　の前日に満了する。ただし、最後の月にその応当する日がないとき
　　は、その月の末日に満了する。
　2　（略）

2.2　検 討

2.2.1　災害のやんだ日から2月以内

　【事例1】で、「災害のやんだ日」は、×1年8月1日ですから、「災害のや
んだ日から2月以内」というのは、×1年8月1日から「2月」をカウントす
るようにも思われます。

　しかし、国税通則法10条1項1号は、「期間の初日は、算入しない」と規定
しています。

　したがって、「2月」は、×1年8月2日からカウントすることになります。

図表1

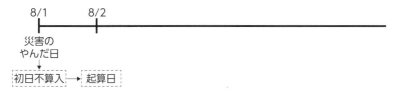

　ここで、×1年8月2日から「2月」をカウントする際に、注意すべき点が
2点あります。

　1点目は、国税通則法10条1項2号が、「期間を定めるのに月又は年をもっ
てしたときは、暦に従う」と規定していることです。

　これは、1か月を30日（31日）に換算して計算することはしないという意味
です。

　２点目は、国税通則法10条１項３号が、「月又は年の始めから期間を起算しないときは、その期間は、<u>最後の月又は年においてその起算日に応当する日の前日に満了する</u>」と規定していることです。

　これを【事例１】についていえば、次のとおりとなります。

　⑴　起算日　　　　　　　　　　　　　　：　×１年８月２日
　⑵　最後の月において上記⑴に応当する日　：　×１年10月２日
　⑶　上記⑵の前日　　　　　　　　　　　　：　×１年10月１日

図表2

　以上のことから、【事例１】の「災害のやんだ日から２月以内」の満了日は、×１年10月１日となり、満了点は、同日の終了時点（午後12時）となります。

2.2.2　損失を受けた日以後１年以内

　法令に「・・・以後」と規定されている場合に、期間の計算に初日を算入するか否かについて、平成11年裁決は、次のとおり説示しています。

平成11年４月12日裁決（要旨）

　請求人は、設立した日の属する事業年度にかかる青色申告の承認申請の期限は、通則法第10条で期間の初日は算入しないと規定しているので、設立の日の翌日から計算した３月後の応当日の前日である旨主張するが、同条は、国税に関する法律に別段の定めがあるときには、この限りでないと規定しており、「・・・の日から起算する」、「・・・以後」等と規定している場合には、<u>期間の初日を含むものと解されている</u>ところ、法法第122条では「設立日以後３月を経過した日」と規定しているから、青色申告の承認申請の期限は、設立の日を含めて計算した３月後の応当日の前日となる。

　この説示のとおり、「期間の初日は、算入しない」のが原則ではあるものの、別段の定めがある場合、例えば、「・・・以後」と規定している場合には、期間の初日を含むものと解されます（通法10①一ただし書）。

　【事例 1】でも、国税通則法46条 1 項は「損失を受けた日以後 1 年以内」と規定しているので、「 1 年」は、「損失を受けた日」からカウントすべきことになります。

　ここで、【事例 1】で、「損失を受けた日」は、× 1 年 6 月 1 日です。

　したがって、「 1 年」は、× 1 年 6 月 1 日からカウントすることになります。

図表 3

　ここで、× 1 年 6 月 1 日から「 1 年」をカウントする際に、留意すべき点が 2 点あります。

　1 点目は、国税通則法10条 1 項 2 号が、「期間を定めるのに月又は年をもってしたときは、暦に従う」と規定していることです。

　これは、 1 年を365日（366日）に換算して計算することはしないという意味です。

　2 点目は、国税通則法10条 1 項 3 号が、「月又は年の始めから期間を起算しないときは、その期間は、最後の月又は年においてその起算日に応当する日の前日に満了する」と規定していることです。

　しかし、【事例 1】では、「損失を受けた日以後 1 年以内」は、月の始め（× 1 年 6 月 1 日）からカウントすることから、国税通則法10条 1 項 3 号の適用はありません。

　この点について、立法担当者は、次のとおり述べておられます。

国税通則法精解
　「月又は年の始めから期間を起算するときは、応当の月又は年の末日をもって

期間が満了するのは当然である（4月1日から起算して2か月というときは、5月末日をもって満了することとなる。）」（志場2016、p. 213）

これを【事例1】についていえば、次のとおりとなります。

(1) 起算日　　　　　　　　　　：　×1年6月1日
(2) 上記(1)に応当する月の末日　：　×2年5月31日

図表4

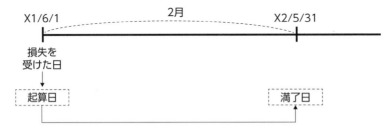

以上のことから、【事例1】の「損失を受けた日以後1年以内」の満了日は、×2年5月31日となり、満了点は、同日の終了時点（午後12時）となります。

2.3　結　論

(1) 「災害のやんだ日から2月以内」の期間の満了日（点）
　　×1年10月1日（午後12時）
(2) 「損失を受けた日以後1年以内」の期間の満了日（点）
　　×2年5月31日（午後12時）

クローズアップ

1　期間の計算及び期限の特例

国税通則法10条2項は、次のとおり規定しています。

> **国税通則法**
> **（期間の計算及び期限の特例）**
> **第10条**　（略）
> 2　国税に関する法律に定める 申告、申請、請求、届出その他書類の提
> 出、通知、納付又は徴収に関する期限（時をもって定める期限その他の
> 政令で定める期限を除く。）が日曜日、国民の祝日に関する法律（昭和23
> 年法律第178号）に規定する休日その他一般の休日又は政令で定める日に
> 当たるときは、これらの日の翌日をもってその期限とみなす。

　これは、申告期限や納期限などが、土曜日、日曜日、祝日等の場合は、その翌日を期限とみなす旨の規定です。

（例）所得税の確定申告

（出典：税務大学校2022、p. 9）

2　災害等による期限の延長

　国税通則法11条は、次のとおり規定しています。

> **国税通則法**
> **（災害等による期限の延長）**
> **第11条**　国税庁長官、国税不服審判所長、国税局長、税務署長又は税関長
> は、災害その他やむを得ない理由により、国税に関する法律に基づく
> 申告、申請、請求、届出その他書類の提出、納付又は徴収に関する期限
> までにこれらの行為をすることができないと認めるときは、政令で定め
> るところにより、その理由のやんだ日から2月以内に限り、当該期限を
> 延長することができる。

　これは、国税庁長官や国税局長などが、災害などやむを得ない理由により、申告期限や納期限などまでに、申告や納付などができないと認めるときは、その理由がやんだ日から2月以内に限り、その期限を延長することができる、という規定です。

　この延長の方法には、次の3つの方法があります（通令3）。

(1)　地域指定による期限延長

(2)　対象者指定による期限延長

(3)　個別指定による期限延長

3　上記1と上記2の比較

　国税通則法10条2項の規定により延長される期限と、同法11条の規定により延長される期限は、一見すると、その対象が同じであるようにも思えます。

　しかし、前者が「法律に定める・・・期限」と規定されているのに対して、後者は「法律に基づく・・・期限」と規定されており、これらの文言は、あえて使い分けがされている可能性も考えられます。

　この点について、立法担当者は、次のとおり述べておられます。

国税通則法精解

　「〔法第11条〕の規定により延長される期限は、国税に関する法律に基づく申告、申請、請求、届出その他書類の提出、納付又は徴収に関する期限である。したがって、法第10条第2項の『国税に関する法律に定める・・・期限』と異なり、国税に関する法令に基づく行政処分により定められる期限も含まれるが、次の期限については、この条の適用はない。

1　出国等に関し時をもって定める期限
　（略）
2　国税の申告等に関する期限以外の期限
　（略）」（〔　〕内引用者）（志場2016、pp. 218-219）

3　○○を知った日の翌日から10月以内

3.1　事 例

【事例2】
　相続税法27条1項は、次のとおり規定している。

> **相続税法**
> **（相続税の申告書）**
> **第27条**　相続又は遺贈（・・・）により財産を取得した者及び当該被相続
> 　人に係る相続時精算課税適用者は、当該被相続人からこれらの事由によ
> 　り財産を取得したすべての者に係る相続税の課税価格（・・・）の合計
> 　額がその遺産に係る基礎控除額を超える場合において、その者に係る相
> 　続税の課税価格（・・・）に係る第15条から第19条まで、第19条の3か
> 　ら第20条の2まで及び第21条の14から第21条の18までの規定による相続
> 　税額があるときは、その<u>相続の開始があったことを知った日の翌日から
> 　10月以内</u>（・・・）に課税価格、相続税額その他財務省令で定める事項
> 　を記載した申告書を納税地の所轄税務署長に提出しなければならない。

　相続人が相続の開始があったことを知った日が、×1年5月25日である場合、
相続税の法定申告期限はいつになるか※2。

3.2　検 討

　【事例2】で、「相続の開始があったことを知った日」は、×1年5月25日で
す。
　ここで、相続税法27条1項は、「相続の開始があったことを知った日の翌日
から」と規定しています。
　したがって、「10月」は、×1年5月26日からカウントすることになります

※2　簡単のため、休日等は考慮しないものとします。

（通法10①一ただし書）。

図表5

また、「10月」の期間は、暦に従い、最後の月において起算日に応当する日の前日に満了することになります（通法10①二・三）。

これを【事例2】についていえば、次のとおりとなります。

(1)　起算日　　　　　　　　　　　　　　　　：　×1年5月26日

(2)　最後の月において上記(1)に応当する日　：　×2年3月26日

(3)　上記(2)の前日　　　　　　　　　　　　：　×2年3月25日

図表6

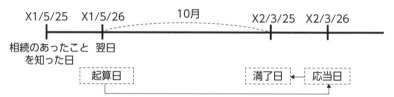

以上のことから、【事例2】の「相続の開始があったことを知った日の翌日から10月以内」の満了日は、×2年3月25日となり、同日が申告期限となります。

🔍 クローズアップ

相続税法27条1項の「相続の開始があったことを知った日の翌日から10月以内」の文言の解釈について争われた事例があります。

具体的には、納税者が、この文言の解釈について、「相続の開始があったことを知った日の翌日」を起算日として、10月目と解することができる、と主張したのに対して、平成23年裁決は、次のとおり説示し、これを否定しています。

平成23年8月24日裁決（要旨）

　請求人は、相続税の法定申告期限は、相続の開始を知った日の翌日を起算日として10月目、すなわち、11月に満たない日までとなるから、この日までに提出した本件相続税の申告書は期限内申告書に該当する旨主張する。

　しかしながら、相続税法第27条《相続税の申告書》第1項は、相続の開始があったことを知った日の翌日から10月以内に相続税の申告書を提出しなければならない旨規定しており、国税通則法第10条《期間の計算及び期限の特例》第1項第1号ただし書の規定により、相続の開始があったことを知った日の翌日を起算日として、同項第2号及び第3号の規定により、当該起算日の10月後の応答日の前日が相続税の法定申告期限となるから、この期限後に提出された本件相続税の申告書は、期限後申告書に該当する。

3.3　結　論

　相続税の法定申告期限は、×2年3月25日となります。

4　基準時（基準日が経過した時）の直前

4.1　事　例

【事例3】

　P社は、子会社であるS社から受ける剰余金の配当について、法人税法施行令113条の9第7項の適用を受ける見込みである。

　当該剰余金を受ける者を定めるための基準日は、×1年12月30日である。

　この場合、法人税法施行令119条の3第7項の「基準時の直前」は、具体的にはいつになるか。

　なお、P社とS社は、いずれも株式会社である。

■関係法令

法人税法施行令
(移動平均法を適用する有価証券について評価換え等があつた場合の一単位当たりの帳簿価額の算出の特例)
第119条の3 （略）

2～6 （略）

7 内国法人が他の法人（・・・）から・・・配当等の額・・・を受ける場合（・・・）において・・・対象配当等の額・・・及び同一事業年度内配当等の額・・・の合計額が当該対象配当等の額及び同一事業年度内配当等の額に係る各基準時の直前において当該内国法人が有する当該他の法人の株式等（・・・）の帳簿価額のうち最も大きいものの100分の10に相当する金額を超えるとき（・・・）は、当該内国法人が有する当該他の法人の株式等の当該対象配当等の額に係る基準時における移動平均法により算出した一単位当たりの帳簿価額は、当該株式等の当該基準時の<u>直前</u>における帳簿価額から当該対象配当等の額のうち・・・益金不算入規定・・・により益金の額に算入されない金額（・・・）に相当する金額を減算した金額を当該株式等の数で除して計算した金額とする。

一～四 （略）

8 （略）

9 前2項において、次の各号に掲げる用語の意義は、当該各号に定めるところによる。

一・二 （略）

三 <u>基準時</u> 次に掲げるものの区分に応じそれぞれ次に定める時をいう。

イ ❶株式会社がする剰余金の配当で当該剰余金の配当を受ける者を定めるための会社法第124条第1項（基準日）に規定する基準日（以下この号において「<u>基準日</u>」という。）の定めがあるもの 当該❷基準日が経過した時

ロ～ニ （略）

10～24 （略）

4.2　検　討

4.2.1　法令解釈

　法人税法施行令119条の３第７項は、法人が、子会社株式を取得した後、子会社から配当を非課税で受け取るとともに、時価が下落した子会社株式を譲渡することにより、譲渡損失を創出させるような租税回避に対応するものです（財務省2020、p. 12）。

図表7

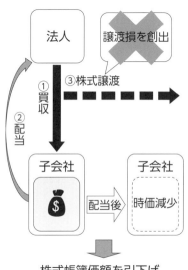

（出典：財務省2020、p. 12）

　具体的には、法人税法施行令119条の３第７項は、内国法人が一定の支配関係にある子会社から一定の配当等の額を受ける場合、その子会社株式の帳簿価額から、その配当等の額のうち益金不算入相当額を減額する旨規定しています。

　そして、この減額するタイミングについて、同項は、「基準時の直前」と規定しています。

図表 8

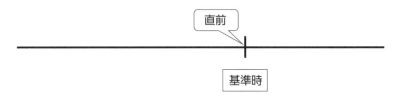

　ここで、「基準時」については、法人税法施行令119条の3第9項3号に定義
が置かれています。

　同号によれば、「❶株式会社がする剰余金の配当で当該剰余金の配当を受け
る者を定めるための基準日の定めがあるもの」については、基準時は、「❷基
準日が経過した時」となります。

図表 9

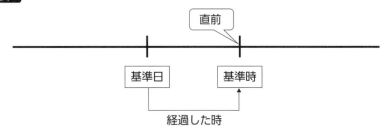

4.2.2　当てはめ

　上記4.2.1のとおり、「❶株式会社がする剰余金の配当で当該剰余金の配当を
受ける者を定めるための基準日の定めがあるもの」については、基準時は、「❷
基準日が経過した時」をいいます。

　ここで、【事例2】のP社が受ける剰余金の配当は、株式会社（S社）がす
る剰余金の配当で、その基準日の定め（×1年12月30日）があるものに該当す
ることから、上記❶に該当します。

　そして、上記❶に該当する場合、「基準時」は、「基準日を経過した時」をい
うところ（上記❷）、この「基準日を経過した時」とは、基準時から日付が変
わった瞬間をいうので、【事例2】の「基準時」は、×1年12月31日午前0時
となります。

そうすると、「基準時の直前」は、×1年12月30日23時59分59秒9999…を指すものと解されます（髙橋2020、p. 9）。

図表10

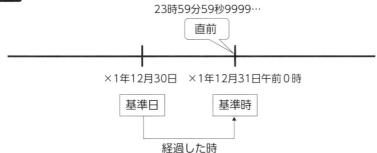

4.3 結 論

「基準時の直前」は、×1年12月30日23時59分59秒9999…を指すものと解されます。

5 ○○の日の少なくとも○日前まで

5.1 事 例

【事例4】

国税徴収法95条1項は、次のとおり規定している。

国税徴収法
（公売公告）
第95条 税務署長は、差押財産等を公売に付するときは、公売の日の少なくとも10日前までに、次に掲げる事項を公告しなければならない。ただし、公売に付する財産（以下「**公売財産**」という。）が不相応の保存費を要し、又はその価額を著しく減少するおそれがあると認めると

きは、この期間を短縮することができる。

一～九　（略）

この規定中、「公売の日」は×1年7月25日であるとする。

この場合、いつまでに公売公告をしなければならないか[※3]。

5.2　検　討

国税通則法基本通達（徴収部関係）10条関係2は、次のとおり定めています。

国税通則法基本通達（徴収部関係）

第10条関係

（前にさかのぼる期間の計算）

2　前にさかのぼる期間の計算は、この条第1項の規定を準用して計算するものとする。

（注）　たとえば、徴収法第95条第1項（公売公告）に規定する「公売の日の少なくとも10日前までに」の場合には、その公売の日の前日を第1日として、さかのぼって10日目の日に期間が満了する。したがって、その前日の11日目の日までに公売公告をしなければならないこととなる。

この定めによると、前にさかのぼる期間の計算にも、国税通則法10条1項の規定が適用（準用）されます。

ところで、【事例4】で、「公売の日」は、×1年7月25日です。

ここで、国税通則法10条1項1号は、「期間の初日は、算入しない」と規定しています。

したがって、「10日」は、×1年7月24日から（さかのぼって）カウントすることになります。

※3　簡単のため、休日等は考慮しないものとします。

図表11

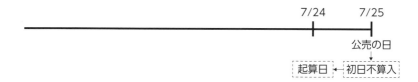

　具体的には、×１年７月24日を第１日として、その日からさかのぼると、10日目の日は、×１年７月15日となり、同日の午前零時に期間が満了します。

　したがって、その前日（11日目の日）である×１年７月14日までに公売公告をしなければならないこととなります（通通10条関係２（注））。

図表12

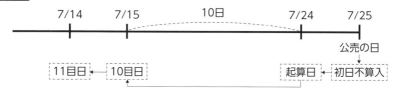

5.3　結　論

　×１年７月14日までに公売公告をしなければなりません。

🔎 クローズアップ

消費税法２条１項は、次のとおり規定しています。

消費税法
（定義）
第２条　この法律において、次の各号に掲げる用語の意義は、当該各号に
　定めるところによる。
　一〜十三　（略）
　十四　基準期間　個人事業者についてはその年の前々年をいい、法人に

> ついてはその事業年度の前々事業年度（当該前々事業年度が１年未満
> である法人については、<u>その事業年度開始の日の２年前の日の前日か</u>
> <u>ら同日以後１年を経過する日までの間に開始した各事業年度を合わせ</u>
> <u>た期間</u>）をいう。
> 十五〜二十　（略）

　この規定中、14号の「その事業年度開始の日の２年前の日の前日」という文言について、厳密な解釈をすると、立法者の意図と異なる結果となる、との指摘があります。

　以下、第一法規「コンメンタール国税通則法 Digital」の解説を引用します。

　「消費税法第２条第１項第14号に規定する『その事業年度開始の日の<u>２</u><u>年前の日の前日</u>』は、厳密に解釈すれば、

その事業年度開始の日	15年４月１日
２年前の日	13年４月１日
前日	13年３月31日

となり、したがって、同号の『同日以後１年を経過する日までの間に開始した各事業年度』は、

同日	13年３月31日
以後１年を経過する日	14年３月30日

までの間に開始した各事業年度を意味することとなると考える。

　この点について、立法者の解説によれば、

２年前の日を	13年４月２日

と解しているようであり、１日のずれが生じている。

　この１日のずれの原因は、遡る期間を計算する場合の起算日の解釈にある。事業年度開始の日から遡る期間の計算は、通常の期間計算の全く逆と考えればよいのであるから、例えば、平成×年４月１日から遡及する計算をするときは、「起算して」という文言がない限り初日不算入となる。したがって、同日の午前零時（すなわち、それは前日の午後12時である。）が起算点となり・・・２年前の４月１日に満了し、その前日は３月31日と

なる（因みに、前述基本通達10条関係 2 には「起算して」という文言はない。）。

　他方、4 月 1 日を算入すれば 2 年前の 4 月 2 日に満了し・・・その前日は 4 月 1 日となるが、この場合には、『平成×年 4 月 1 日から起算して』という文言がなければならない」

6　エピローグ

学生　「午後12時」と「午前 0 時」の使い分けは、なるほどと思いました。

教授　「午後12時」は、お昼の12時と誤解してしまいそうですが、ここでは日付が変わるぎりぎりの時点という意味になります。

学生　「災害のやんだ日から 2 月以内に」といっても、その日の何時からカウントするのか、という疑問が生じ得ます。そこで、翌日の午前 0 時からカウントするというのは、〝端数切り上げ〟のようで、分かりやすいと思いました。

教授　そうですね。ちなみに、徴収法の世界では、期限が「○時」となることもあります。以下、裁決事例をご紹介します。

> **平成11年 2 月19日裁決（要旨）**
> 　公売処分に対する不服申立ては、徴収法第171条第 1 項第 3 号の規定により、買受代金の納付の期限までにしなければならないとされているところ、同法第115条第 1 項の規定によれば、「買受代金の納付の期限は、売却決定の日とする」とされているが、①買受代金は徴収職員に納付しなければならないこと、②徴収職員は、買受代金を領収したときは、買受人に対する権利移転手続を行うこととされていること及び③徴収職員は、買受代金を領収した日に国税収納官吏に対する払渡し等所要の会計処理を行うこととされていることに照らせば、同項は、売却決定の日における売却決定の時刻の後、徴収職員が上記の事務処理を行うのに必要な時間を勘案した上で、一定の時刻を買受代金の納付期限として指定することを許容していると解される。したがって、原処分庁が買受代金の納付期限を午後 3 時00分と指定したことは

> 適法であり、当該時刻を経過した後にされた本件異議申立ては、不適
> 法なものである^{※4}。

参考文献等

平成11年裁決：国税不服審判所裁決平成11年 4 月12日審判所 HP 参照
平成23年裁決：国税不服審判所裁決平成23年 8 月24日審判所 HP 参照
志場2016：志場喜徳郎ほか編『国税通則法精解』大蔵財務協会（2016）
髙橋2020：髙橋正朗「令和 2 年度法人税基本通達等の一部改正について」租税研究
　853号 pp. 4-18（2020）
財務省2020：財務省「パンフレット『令和 2 年度税制改正』」
（https：//www.mof.go.jp/tax_policy/publication/brochure/zeisei20_pdf/zeisei
　20_all.pdf）
税務大学校2022：税務大学校『国税通則法（基礎編）令和 4 年度版』
（https：//www.nta.go.jp/about/organization/ntc/kohon/tuusoku/pdf/all.pdf）

※4　国税徴収法第171条 1 項 3 号は、不動産等についての公売公告から売却決定までの処分に関し
　欠陥があることを理由とする不服申立ては、換価財産の買受代金の納付期限まででなければする
　ことができない旨規定しています。

第5講
借用概念と
税法特有の取扱い

1　プロローグ

教授　まず、株式会社について考えてみましょう。株式会社は、所得税法上、「法人」に該当しますが、その法律上の根拠は何ですか。

学生　法律上の根拠まで深く考えたことはありませんでした。所得税法の条文を確認してみたいと思います。

教授　それでは、後ほど、条文を確認してみましょう。その際、『六法全書』も必要になると思います。

学生　分かりました。

教授　次に、リミテッド・パートナーシップについて考えてみましょう。米国デラウェア州のリミテッド・パートナーシップは、日本の所得税法上の「法人」に該当する、という最高裁判決があります。この最高裁判決について、何かご存知ですか。

学生　判決要旨を読んだ程度ですが、権利義務の帰属主体になるので、「法人」とされたと思います。

教授　そうですね。ただ、あの最高裁判決は、税法と私法の関係を考える上でよい題材だと思います。他の事業体の法人該当性とも比較しながら、検討してみましょう。

2　株式会社

2.1　事　例

【事例1】

　甲は、東京都内に本店を有する株式会社 A を設立した。

　株式会社 A は、所得税法上、「内国法人」に該当するか。

2.2　検　討

2.2.1　所得税法の規定

　所得税法2条は、次のとおり規定しています。

所得税法

（定義）

第2条　この法律において、次の各号に掲げる用語の意義は、当該各号に定めるところによる。

　一〜五　（略）

　六　内国法人

　　　国内に本店又は主たる事務所を有する法人をいう。

　七　外国法人

　　　内国法人以外の法人をいう。

　八〜四十八　（略）

2　（略）

　この規定中、1項6号によると、「内国法人」とは、「❶国内に本店又は主たる事務所を有する❷法人」をいいます。

　ここで、**【事例1】**の株式会社 A が「内国法人」に該当するか否かを検討すると、株式会社 A は、東京都内に本店を有することから、上記❶の要件は満

たします。

　一方、株式会社 A が上記**2**の要件を満たすか否かは、この段階では不明です。

　なぜなら、所得税法に「法人」の定義がなく、株式会社が「法人」に該当するか否かの判断ができないからです。

　もっとも、「法人」という概念は、民法でも用いられていることから、民法に「法人」の定義がある可能性も考えられます。

2.2.2　民法の規定

　民法（総則編）のうち「法人」の章には、次の規定があります。

民法
（法人の成立等）
第33条　法人は、この法律その他の法律の規定によらなければ、成立しない。
　2　学術、技芸、慈善、祭祀し、宗教その他の公益を目的とする法人、営利事業を営むことを目的とする法人その他の法人の設立、組織、運営及び管理については、この法律その他の法律の定めるところによる。

（法人の能力）
第34条　法人は、法令の規定に従い、定款その他の基本約款で定められた目的の範囲内において、権利を有し、義務を負う。

（外国法人）
第35条　外国法人は、国、国の行政区画及び外国会社を除き、その成立を認許しない。ただし、法律又は条約の規定により認許された外国法人は、この限りでない。
　2　前項の規定により認許された外国法人は、日本において成立する同種の法人と同一の私権を有する。ただし、外国人が享有することのできない権利及び法律又は条約中に特別の規定がある権利については、この限りでない。

（登記）
第36条　法人及び外国法人は、この法律その他の法令の定めるところにより、

登記をするものとする。

（外国法人の登記）
第37条　外国法人（第35条第１項ただし書に規定する外国法人に限る。以下この条において同じ。）が日本に事務所を設けたときは、３週間以内に、その事務所の所在地において、次に掲げる事項を登記しなければならない。
　一〜六　・・・代表者の氏名及び住所
２〜８　（略）

これらの規定の内容は、次のとおりです（我妻ほか2021、p. 120）。

- 民法33条１項：法人についての法律準拠主義を定める規定
- 民法33条２項：各種法人については特別法によって定める旨の規定
- 民法34条　　：法人の権利能力に関する規定
- 民法35条　　：外国法人に関する規定
- 民法36条　　：法人の登記に関する規定
- 民法37条　　：外国法人の登記に関する規定

このように、民法にも「法人」の定義は見当たりません。

しかし、民法33条１項は、「法人は・・・法律の規定によらなければ、成立しない」と規定していることから、仮に、株式会社が「法人」とされるならば、その成立の根拠となる法律があるはずです。

その法律の筆頭候補として考えられるのは、会社法です。

2.2.3　会社法の規定

会社法２条は、次のとおり規定しています。

会社法
（定義）
第２条　この法律において、次の各号に掲げる用語の意義は、当該各号に定めるところによる。

一　会社
　　株式会社、合名会社、合資会社又は合同会社をいう。
二　外国会社
　　外国の法令に準拠して設立された法人その他の外国の団体であって、会社と同種のもの又は会社に類似するものをいう。
三　子会社
　　会社がその総株主の議決権の過半数を有する株式会社その他の当該会社がその経営を支配している法人として法務省令で定めるものをいう。
三の二　子会社等
　　次のいずれかに該当する者をいう。
　イ　子会社
　ロ　会社以外の者がその経営を支配している法人として法務省令で定めるもの
四　親会社
　　株式会社を子会社とする会社その他の当該株式会社の経営を支配している法人として法務省令で定めるものをいう。
四の二　親会社等
　　次のいずれかに該当する者をいう。
　イ　親会社
　ロ　株式会社の経営を支配している者（法人であるものを除く。）として法務省令で定めるもの
五～三十四　（略）

　会社法にも、「法人」の定義は見当たりません。
　ただし、この規定中、1号によると、「会社」とは、「株式会社、合名会社、合資会社又は合同会社」をいいます。
　これを踏まえて、条文を読み進めると、会社法3条は、次のとおり規定しています。

会社法
（法人格）
第3条　会社は、法人とする。

この規定によると、会社（株式会社、合名会社、合資会社又は合同会社）は、「法人」とされることが分かります。

すなわち、株式会社は、その成立の根拠となる法律において「法人」とされていることが分かります。

そして、この「法人」という概念を、所得税法は、特段の定義なく用いていることから、株式会社を「法人」とする会社法上の取扱いは、所得税法においても変わらない、と解されます。

2.2.4　所得税法の規定（再検討）

所得税法2条1項6号によると、「内国法人」とは、「**❶**国内に本店又は主たる事務所を有する**❷**法人」をいいます。

そして、上記**2.2.1**〜**2.2.3**によると、株式会社 A は、上記**❶**・**❷**の要件を満たすことから、「内国法人」に該当することになります。

2.3　結　論

株式会社 A は、所得税法上、「内国法人」に該当します。

♀クローズアップ

　会社法において、「会社の住所は、その本店の所在地にあるものとする」とされ（会4）、「本店の所在場所」は、登記事項になっています（会911③三ほか）。

　この点、所得税法2条1項6号は、「本店又は主たる事務所」という書きぶりになっていますが、会社の場合は、「本店」の部分が該当することになります。

3　一般財団法人

3.1　事　例

【事例2】

　乙は、大阪市内に主たる事務所を有する一般社団法人Ｂを設立した。

　一般社団法人Ｂは、所得税法上、「内国法人」に該当するか。

3.2　検　討

3.2.1　所得税法の規定

所得税法2条1項6号は、次のとおり規定しています。

所得税法

（定義）

第2条　この法律において、次の各号に掲げる用語の意義は、当該各号に定めるところによる。

　一～五　（略）

　六　内国法人

　　　国内に本店又は主たる事務所を有する法人をいう。

　七～四十八　（略）

2　（略）

　この規定によると、「内国法人」とは、「❶国内に本店又は主たる事務所を有する❷法人」をいいます。

　ここで、【事例2】の一般社団法人Ｂが「内国法人」に該当するか否かを検討すると、一般社団法人Ｂは、大阪市内に主たる事務所を有することから、上記❶の要件は満たします。

　一方、一般社団法人Ｂが上記❷の要件を満たすか否かについては、【事例1】

に倣って、一般社団法人の成立の根拠となる法律である「一般社団法人及び一般財団法人に関する法律」（以下「**一般法人法**」といいます）の規定を検討することとします。

3.2.2　一般法人法の規定

　一般法人法3条は、次のとおり規定しています。

一般法人法
(法人格)
第3条　一般社団法人及び一般財団法人は、法人とする。

　この規定によると、一般社団法人は、「法人」とされることが分かります。

3.2.3　所得税法の規定（再検討）

　所得税法2条1項6号によると、「内国法人」とは、「**❶**国内に本店又は主たる事務所を有する**❷**法人」をいいます。

　そして、上記**3.2.1・3.2.2**によると、一般社団法人Bは、上記**❶・❷**の要件を満たすことから、「内国法人」に該当することになります。

3.3　結　論

　一般社団法人Bは、所得税法上、「内国法人」に該当します。

🔎 クローズアップ

　一般法人法において、「一般社団法人及び一般財団法人の住所は、その主たる事務所の所在地にあるものとする」とされ（一般法人4）、「主たる事務所の所在場所」は、登記事項になっています（一般法人301②三・302②三）。

　この点、所得税法2条1項6号は、「本店又は主たる事務所」という書

きぶりになっていますが、一般社団法人や一般財団法人の場合は、「主た
る事務所」の部分が該当することになります。

4　法人でない社団

4.1　事　例

【事例3】

　C管理組合は、名古屋市に所在する建物の区分所有者全員をもって構成
される団体で、名古屋市内に主たる事務所を置き、丙を代表者と定めてい
る。

　C管理組合は、法人税法上、「内国法人」に該当するか。

　なお、次のことを前提とする。

⑴　C管理組合は、「多数の者が一定の目的を達成するために結合した
　団体のうち法人格を有しないもので、単なる個人の集合体でなく、団
　体としての組織を有して統一された意志の下にその構成員の個性を超
　越して活動を行うもの」に当たり、民法上の組合や商法上の匿名組合
　には該当しない。

　　すなわち、C管理組合は、法人でない社団に該当する（法通1-1-
　1）。

⑵　C管理組合の規約によって、当該管理組合の代表者（丙）及び主た
　る事務所の所在地（名古屋市内）が定められている（法通1-1-3、
　1-1-4）。

4.2　検　討

4.2.1　私法上の取扱い

　民法33条1項は、「法人は・・・法律の規定によらなければ、成立しない」と
規定しています。

しかし、〝法人でない団体たる組織体〞の存在を禁止した法律はなく、法人でも個人でもない〝中間的なもの〞が存在し得ます（第一法規「コンメンタール法人税法 Digital」）。

【事例3】のC管理組合も、法人でも個人でもない〝中間的なもの〞ということができます。

ところで、法人税法2条3号は、次のとおり規定しています。

法人税法
（定義）
第2条　この法律において、次の各号に掲げる用語の意義は、当該各号に定めるところによる。
　一・二　（略）
　三　内国法人
　　　国内に本店又は主たる事務所を有する法人をいう。
　四〜四十四　（略）

この規定によると、「内国法人」とは、「**❶**国内に本店又は主たる事務所を有する**❷**法人」をいいます。

ここで、【事例3】のC管理組合は、法人ではないことから、上記**❷**の要件を満たしません。

すなわち、C管理組合は、私法上の取扱いに照らすと、「内国法人」には該当しないことになります。

4.2.2　税法特有の取扱い

法人税法2条8号は、次のとおり規定しています。

法人税法
（定義）
第2条　この法律において、次の各号に掲げる用語の意義は、当該各号に定めるところによる。
　一〜七　（略）

　　八　人格のない社団等
　　　　法人でない社団又は財団で代表者又は管理人の定めがあるものをいう。
　　九〜四十四　（略）

　この規定によると、「人格のない社団等」とは、「**❶法人でない社団又は財団**
で❷代表者又は管理人の定めがあるもの」をいいます。

　ここで、【事例3】のC管理組合が「人格のない社団等」に該当するか否か
を検討すると、C管理組合は、「法人でない社団」に該当することから、上記
❶の要件を満たします。

　また、C管理組合は、代表者の定めがあることから、上記**❷**の要件も満たし
ます。

　したがって、C管理組合は、「人格のない社団等」に該当することになります。

　これを踏まえて、条文を読み進めると、法人税法3条は、次のとおり規定し
ています。

法人税法

（人格のない社団等に対するこの法律の適用）

第3条　人格のない社団等は、法人とみなして、この法律（第75条の4（電子
　情報処理組織による申告）及び別表第二を除く。）の規定を適用する。

　この規定によると、「人格のない社団等」は、法人税法の規定の適用上、「法
人」とみなされます。

　なお、法令において「みなす」とは、〝そうでないものをそうとする〟とい
う意味です。

　この「みなす」の意味について、以下、法制執務・法令用語研究会の解説を
引用します。

条文の読み方　第2版

　「法令における『みなす』の意味は、本来性質が違うものを、ある一定の法律
関係において同一のものとして法律が認め、同一の法律効果を生じさせること
をいいます。『推定する』と似た場面で使われることもありますが、『推定する』

は当事者間での取決めや反証があれば法令上の推定が覆るのに対し、『みなす』は当事者間での取決めや反証があっても、あるいは事実がどうであっても、その法律上の認定と異なる判断をすることはできない点にあります」（法制執務・法令用語研究会2021、pp. 135-136）

4.2.3　小　括

　法人税法 2 条 3 号によると、「内国法人」とは、「**❶**国内に本店又は主たる事務所を有する**❷**法人」をいいます。

　そして、C 管理組合は、名古屋市内に主たる事務所を有することから、上記**❶**の要件を満たします。

　また、上記 **4.2.2** によると、C 管理組合は、法人税法の規定の適用上、「法人」とみなされることから、上記**❷**の要件も満たすものとして取り扱われます。

　以上のことから、C 管理組合は、上記**❶**・**❷**の要件を満たし、「内国法人」に該当するものとして取り扱われることになります。

4.3　結　論

　C 管理組合は、法人税法上、「内国法人」に該当するものとして取り扱われます。

🔍 クローズアップ

　「法人でない社団」を「法人」のように取り扱う例は、他にもあります。

　例えば、民事訴訟法29条は、「法人でない社団又は財団で代表者又は管理人の定めがあるものは、その名において訴え、又は訴えられることができる」と規定しています。

　もし、この規定がなければ、「法人でない社団」を訴える際、社団メンバー全員を被告としなければならなくなります。

　そこで、民事訴訟法29条は、「法人でない社団」名義で訴えればよい、としているものと解されます。

5　米国リミテッド・パートナーシップ

5.1　事　例

【事例 4 】

　甲らは、米国法人である X 社との間で、X 社をゼネラル・パートナーとし、甲らをリミテッド・パートナーとするパートナーシップ契約を締結し、米国デラウェア州のパートナーシップ法の下、D・リミテッド・パートナーシップを設立した。

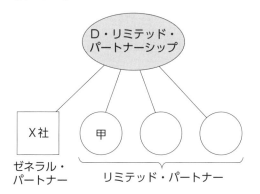

　D・リミテッド・パートナーシップは、我が国の所得税法上、「法人」に該当するか。

　なお、以下、次のとおり略記する。

	略　称
リミテッド・パートナーシップ	LPS
D・リミテッド・パートナーシップ	D・LPS
米国デラウェア州のパートナーシップ法	州 LPS 法
X 社をゼネラル・パートナーとし、甲らをリミテッド・パートナーとするパートナーシップ契約	本件 LPS 契約

📖**用語解説**

　一般に、リミテッド・パートナーシップとは、①業務執行者であり、無限責任を負うゼネラル・パートナー（GP）と、②業務執行に関与せず、有限責任を負うリミテッド・パートナー（LP）とによって組成される事業体をいいます。

5.2　検　討

5.2.1　我が国の租税法の規定

　我が国の所得税法に、「法人」の定義はありません。

　そこで、【事例1】では、**図表1**のような手順で、株式会社は「法人」に該当すると判断しました。

図表1

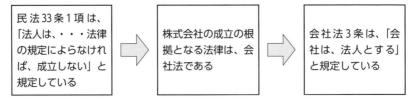

　しかし、【事例4】については、**図表1**のような手順によることはできません。

　なぜなら、「法人」は、我が国の私法上の概念であるところ、D・LPSの成立の根拠となる米国の法律（州LPS法）に

A limited partnership shall be a "Ho-jin".
（訳）LPSは、法人（Ho-jin）とする。

という規定があるとは考えられないからです。

　それでは、D・LPSが我が国の所得税法上の「法人」に該当するか否かは、どのように判断すべきでしょうか。

5.2.2 最高裁平成27年判決

⑴ 法人該当性の判断方法

　最高裁平成27年判決は、州 LPS 法に基づいて設立された LPS が我が国の租税法上の「外国法人」に該当するか否かが争点となった事案で、次のとおり判示しています。

最高裁平成27年 7 月17日判決

　外国法に基づいて設立された組織体が所得税法 2 条 1 項 7 号等に定める外国法人に該当するか否かを判断するに当たっては、まず、より客観的かつ一義的な判定が可能である後者の観点として、①当該組織体に係る設立根拠法令の規定の文言や法制の仕組みから、当該組織体が当該外国の法令において日本法上の法人に相当する法的地位を付与されていること又は付与されていないことが疑義のない程度に明白であるか否かを検討することとなり、これができない場合には、次に、当該組織体の属性に係る前者の観点として、②当該組織体が権利義務の帰属主体であると認められるか否かを検討して判断すべきものであり、具体的には、当該組織体の設立根拠法令の規定の内容や趣旨等から、当該組織体が自ら法律行為の当事者となることができ、かつ、その法律効果が当該組織体に帰属すると認められるか否かという点を検討することとなるものと解される。

　この判示のイメージを図に示すと、**図表 2** のとおりです。

　図表 2 の「判断方法 1 」は、スクリーニングのような位置付けであり、この方法で「法人」か否かを判定して、答えが出れば、それで終わりです。

　しかし、「判断方法 1 」では答えが出ない、となれば、次に、「判断方法 2 」で、「法人」か否かを判定することになります。

図表2

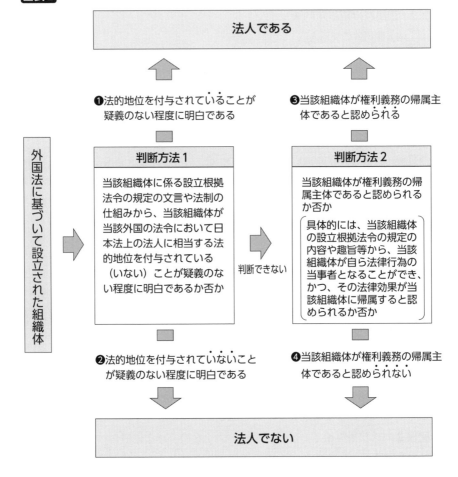

(2)　**図表2の「判断方法1」について**

　外国事業体には多種多様なものがあり、「判断方法1」の「疑義のない程度に明白」は、個別具体的に判断せざるを得ないものと考えられます。

　例えば、外国事業体の設立根拠法令において、その法的地位につき、〝legal person〟等と表現されている場合には、上記の「疑義のない程度に明白」な場合に当たる、と解することが考えられますが、他方で、そのように即断することはできないとの批判は考えられます（衣斐2016、pp. 168-169, 181）。

(3) 図表 2 の「判断方法 2」について

　もし、我が国の民法に「法人」の定義があったならば、外国事業体が我が国の租税法上の「法人」に該当するか否かも、その定義に照らして判断することもできたかもしれません。

　しかし、我が国の民法に「法人」の定義はありません。

　他方で、我が国において、権利義務の帰属主体性が、「法人」概念の中核的なものとされていることには異論がないと考えられます。

　このような理由から、最高裁平成27年判決は、「判断方法 2」において「外国事業体が権利義務の帰属主体であると認められるか否か」との属性を判断要素と捉えたものと考えられます（衣斐2016、p. 167）。

5.2.3　借用概念

　租税法が用いている概念の中には、他の法分野から借用しているものがあります。

　これを「借用概念」といい、その解釈について、金子宏名誉教授は、次のとおり述べておられます。

租税法　第24版

　「租税法が用いている概念の中には、2種類のものがある。1つは、他の法分野で用いられている概念である。他の法分野から借用しているという意味で、これを借用概念と呼ぶ。・・・

　借用概念について問題となるのは、それを他の法分野で用いられているのと同じ意義に解すべきか、それとも徴収確保ないし公平負担の観点から異なる意義に解すべきかの問題である。・・・わが国では、この点について見解が対立している（統一説・独立説・目的適合説の3つの見解がある）が、借用概念は他の法分野におけると同じ意義に解釈するのが、租税法律主義＝法的安定性の要請に合致している。すなわち、私法との関連で見ると、納税義務は、各種の経済活動ないし経済現象から生じてくるのであるが、それらの活動ないし現象は、第一次的には私法によって規律されているから、租税法がそれらを課税要件規定の中にとりこむにあたって、私法上におけると同じ概念を用いている場合には、別意に解すべきことが租税法規の明文またはその趣旨から明らかな場合は別として、それを私法上におけると同じ意義に解するのが、法的安定性の

見地からは好ましい。その意味で、借用概念は、原則として、本来の法分野におけると同じ意義に解釈すべきであろう」（金子2021、pp. 126-127）

この点、最高裁平成27年判決は、「租税法上における『法人』の意義＝私法上における『法人』の意義」という立場を採っているものではありません。

図表2の法人該当性の判断方法の前提について、以下、最高裁調査官の解説を引用します。

最高裁判所判例解説　民事篇　平成27年度（下）
「本判決は、専ら外国事業体が我が国の租税法上の法人に該当するか否かの判断方法を論じており、その検討に当たっても、この問題が我が国の課税権が及ぶ範囲を決する問題であることなどを指摘した上で、組織体の納税義務に係る制度の仕組み等を検討しているところである。したがって、本判決は、上記の検討に必要な限度で我が国の私法上の法人の属性等について指摘したものであり、どのような場合に外国事業体が我が国の私法上の法人と取り扱われるか否かについて何らかの見解を示したものではないことに留意する必要があると考えられる」（下線引用者）（衣斐2016、p. 169）

5.2.4 当てはめ

最高裁平成27年判決は、**【事例4】**と同様の事案で、州LPS法に基づいて設立されたLPSは、我が国の租税法上の「法人」に該当すると判断しました。

その理由付けのポイントは、**図表3**のとおりです。

図表3

図表2の「判断方法1」	① 州LPS法は、同法に基づいて設立されるLPSがその設立により〝separate legal entity〟となるものと定めている ② しかし、上記①をもって、LPSに日本法上の法人に相当する法的地位が付与されているか否かが疑義のない程度に明白であるとはいい難い

図表2の 「判断方法2」	① 州LPS法は、LPSにつき、一定の例外を除き、いかなる合法的な事業・活動などをも実施することができる旨を定めるとともに、付与された全ての権限を保有し、それを行使することができる旨を定めている ② LPS契約の定めは、州LPS法の規律に沿うもの（齟齬するものではない）ということができる ③ 上記①・②のような州LPS法の定め等に鑑みると、LPSは、自ら法律行為の当事者となることができ、かつ、その法律効果がLPSに帰属するものということができるから、権利義務の帰属主体であると認められる

5.3 結論

D・LPSは、州LPS法や本件LPS契約の内容が、最高裁平成27年判決のものと同様であれば、我が国の所得税法上の「法人」に該当します。

6 エピローグ

学生 税法の理解のためには、私法の理解が必要ということを痛感しました。

教授 そうですね。その点については、税大講本『税法入門』の冒頭に「租税法の学習に当たって」と題する文章があるのですが、その中で次のとおり記載されています。

税務大学校『税法入門 令和4年度版』
「税法は、租税に関する税務官庁と納税者との権利、義務を規律するという意味で行政法の一分野であるとともに、課税の対象となる所得や商品の販売等は、国民の経済活動によって生ずるものであるから、この経済活動を規律する民法、商法、会社法等のような私法とも密接な関連があるといえる」

　　　　税法の規定には、私法の規律を踏まえて作られているものも多く、
　　　そのような規定の理解のためには、私法の理解は不可欠ですね。

学生　最高裁平成27年判決は、結論だけ押さえていたのでは、足りないと
　　　感じました。

教授　日本の税法は、諸外国の私法の規律まで踏まえたものではないの
　　　で、日本の税法と外国の私法との橋渡しが必要になります。最高裁平
　　　成27年判決は、その一例ともいえますね。このあたりは、第13講でま
　　　た改めてお話しします。

学生　最高裁平成27年判決に至るまでに、どのような議論があったのかな
　　　ど、もっと深く理解したいのですが、おすすめの本などありますか。

教授　「参考文献等」にも載せていますが、最高裁調査官の解説がよいと
　　　思います。この判決に限らず、最高裁調査官の解説があるものは、判
　　　決と併せて読んでおかれるとよいと思います。

参考文献等

最高裁平成27年判決：最判平成27年 7 月17日裁判所 HP 参照（平成25年（行ヒ）166
　号）

衣斐2016：衣斐瑞穂「判解」法曹時報68巻 6 号 pp. 156-185（2016）

法制執務・法令用語研究会2021：法制執務・法令用語研究会『条文の読み方　第 2
　版』有斐閣（2021）

我妻ほか2021：我妻榮・有泉亨・清水誠・田山輝明『我妻・有泉コンメンタール民
　法［第 7 版］』日本評論社（2021）

金子2021：金子宏『租税法　第24版』弘文堂（2021）

第6講

日本語の
通常の用語例に従う

1　プロローグ

教授　ある機器が、法人税法上、「器具及び備品」か、それとも「機械及び装置」か、と聞かれたら、どうしますか。

学生　耐用年数省令の別表で、似たものを探すと思います。

教授　そもそも「器具及び備品」や「機械及び装置」は何か、というところはどうですか。

学生　法人税法に、定義はなかったように思います。ただ、耐用年数省令の別表は、細目まで定められているので、ある機器がどちらに該当するかについての判断は、それほど難しくないと思います。

教授　確かに、耐用年数省令の別表は便利ですが、事案によっては、そもそも「機械及び装置」とは何か、とか、減価償却制度の趣旨は何か、というように、根本的なところに立ち返って検討しなければならない場合もあり得ます。そのような検討をした裁判例がありますので、確認してみましょう。

2 「器具及び備品」と「機械及び装置」の意義

2.1 事 例

【事 例】

　後記(4)の①〜⑧の各資産は、法人税法上、「器具及び備品」に該当する
か、それとも「機械及び装置」に該当するか。

(1)　A 社は、菓子及びパン（以下「**パン等**」という）の製造・販売を目
　的とする株式会社である。

(2)　A 社は、パン等について、小麦粉から生地を仕込み、成形して焼き
　上げるまでの全工程を一貫して行うという製造方式を採用している。

(3)　上記(2)の製造工程は、具体的には、次図に示す各工程によって構成さ
　れている。

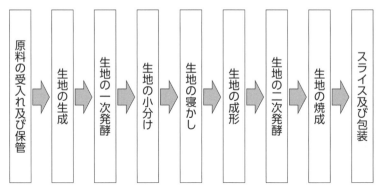

原料の受入れ及び保管 → 生地の生成 → 生地の一次発酵 → 生地の小分け → 生地の寝かし → 生地の成形 → 生地の二次発酵 → 生地の焼成 → スライス及び包装

(4)　A 社は、パン等の製造に使用している各機器のうち、次に掲げる各
　機器について、「器具及び備品」に該当するとして減価償却費を計算
　し、確定申告を行った。

| ① | 製氷機、湯沸器 |
| ② | ○○保管庫※ |

※　判決文のマスキング部分は、「○」に置き換えています。

③	○○○○○○○○○○○
④	冷蔵庫、冷凍庫
⑤	プレハブ冷蔵庫、○○○○○
⑥	○○○○○○○○○○○
⑦	真空包装機
⑧	洗浄機、乾燥機

(5) 上記(4)の確定申告に対して、課税庁は、上記(4)の①～⑧に掲げる各機器はいずれも「機械及び装置」に該当するとして、更正処分を行った。なお、以下、次のとおり略記する。

		略　　称
①	Ａ社がパン等の製造に使用している各機器	本件各機器
②	①のうち、上記(4)の①～⑧に掲げる各機器	本件各資産

■関係法令

減価償却資産の耐用年数等に関する省令

別表第一　機械及び装置以外の有形減価償却資産の耐用年数表

種類	構造又は用途	細目	耐用年数
器具及び備品	1　家具、電気機器、ガス機器及び家庭用品（他の項に掲げるものを除く。）	電気冷蔵庫、電気洗濯機その他これらに類する電気又はガス機器	6

別表第二　機械及び装置の耐用年数表

番号	設備の種類	細目	耐用年数
1	食料品製造業用設備		10
44	飲食料品小売業用設備		9

2.2　検 討

2.2.1　法令解釈

法人税法2条23号は、次のとおり規定しています。

法人税法
（定義）
第2条　この法律において、次の各号に掲げる用語の意義は、当該各号に定めるところによる。
　　一〜二十二　（略）
　　二十三　減価償却資産
　　　　建物、構築物、機械及び装置、船舶、車両及び運搬具、工具、器具及び備品、鉱業権その他の資産で償却をすべきものとして<u>政令で定めるもの</u>をいう。
　　二十四〜四十四　（略）

上記の下線部について、法人税法施行令13条は、次のとおり規定しています。

（減価償却資産の範囲）
第13条　法第2条第23号（定義）に規定する政令で定める資産は、棚卸資産、有価証券及び繰延資産以外の資産のうち次に掲げるもの（事業の用に供していないもの及び時の経過によりその価値の減少しないものを除く。）とする。
　　一　建物及びその附属設備（暖冷房設備、照明設備、通風設備、昇降機その他建物に附属する設備をいう。）
　　二　構築物（ドック、橋、岸壁、桟橋、軌道、貯水池、坑道、煙突その他土地に定着する土木設備又は工作物をいう。）
　　三　<u>機械及び装置</u>
　　四　船舶
　　五　航空機
　　六　車両及び運搬具
　　七　<u>工具、器具及び備品</u>（観賞用、興行用その他これらに準ずる用に供する生物を含む。）

八　次に掲げる無形固定資産

　　イ　鉱業権（租鉱権及び採石権その他土石を採掘し又は採取する権利を含む。）

　　ロ〜ツ　（略）

九　次に掲げる生物（第七号に掲げるものに該当するものを除く。）

　　イ　牛、馬、豚、綿羊及びやぎ

　　ロ・ハ　（略）

　しかし、「器具及び備品」と「機械及び装置」の用語自体は、法人税法において定義されていません。

　それでは、【事例】の本件各資産が、「器具及び備品」又は「機械及び装置」のいずれに該当するかは、どのように判断すればよいのでしょうか。

　この点について、大阪地裁平成30年判決は、【事例】と同様の事案で、「機械及び装置」の意義について、次のとおり判示しています。

大阪地裁平成30年 3 月14日判決

ア　■減価償却資産は、法人の事業に供され、その用途に応じた本来の機能を発揮することによって収益の獲得に寄与するものであるところ（平成20年判決）、法人税法 2 条23号の委任を受けた施行令13条は、減価償却資産として、建物及びその附属設備、構築物、機械及び装置、船舶、航空機、車両及び運搬具、工具、器具及び備品、鉱業権等の無形固定資産、牛等の生物を定めている。■租税法規の解釈は、法的安定性の要請から、原則として文理解釈によるべきであり、「機械及び装置」の意義についても、その字句が通常意味するところにより解釈されるべきであるところ、施行令13条は、「機械及び装置」、「工具」並びに「器具及び備品」以外の減価償却資産として、〈1〉土地の定着物としての性質を有する（a）建物及びその附属設備（暖冷房装置、照明設備、通風設備、昇降機その他建物に附属する設備）並びに（b）構築物（ドック、橋、岸壁、桟橋、軌道、貯水池、坑道、煙突その他土地に定着する土木設備及び工作物）を、〈2〉人又は物の運搬を目的とする船舶、航空機、車両及び運搬具を、〈3〉無形固定資産である鉱業権等を、〈4〉生物である牛等をそれぞれ定めているから、「機械及び装置」、「工具」並びに「器具及び備品」は、前記〈1〉から〈4〉までのもの以外の減価償却資産を意味するものと解される。

　　また、**3**代表的な辞典である広辞苑（第六版）によれば、「機械」は外力に抵抗し得る物体の結合からなり、一定の相対運動をなし、外部から与えられたエネルギーを有用な仕事に変形するものであって、主に人力以外の動力による複雑で大規模なものを、「装置」はある目的のために機械・道具などを取り付けたしかけを、「工具」は工作に用いる器具を、「器具」はしくみの簡単な器械を、「備品」は備え付けておく品物をそれぞれ意味するとされており（公知の事実）、このような「機械及び装置」、「工具」並びに「器具及び備品」の通常の意味に応じて、前記〈1〉から〈4〉までのもの以外の減価償却資産を区分するならば、「機械及び装置」は、製品の生産・製造又は役務の提供を目的として、1つの機器が単体で、又は2つ以上の機器が有機的に結合することにより1つの設備を構成する有形資産を意味するものと解される。

イ　　**4**法人税法2条23号は、減価償却資産の範囲につき、複数の資産を例示した上、その具体的範囲を政令に委任し、施行令13条はこの委任に基づいて減価償却資産を定めているところ、減価償却資産は、企業において長期間にわたって収益を生み出す源泉であるから、その取得に要した金額は、将来の収益に対する費用の一括前払の性質を有しており、費用収益対応の原則からすれば、取得の年度に一括して費用に計上するのではなく、使用又は時間の経過による減価に応じて徐々に費用化すべきものであって、減価償却制度は、前記のような考え方に基づき、減価償却資産の取得費用をその耐用年数にわたって配分することにより、各事業年度の損益計算を適正なものとし、投下資本の回収を図ることを目的とするものと解される。そうすると、法人税法2条23号及び施行令13条は、減価償却資産によって将来の収益に対する寄与の度合い、態様等が異なり、その取得費用を適正に配分する方法が異なり得ることから、これらの点に着目して減価償却資産を類型化したものと解される。**5**そうであるところ、減価償却資産のうち、製品の生産・製造又は役務の提供を目的として、1つの機器が単体で、又は2つ以上の機器が有機的に結合することにより1つの設備を構成する有形資産は、当該資産の種類、構造等の当該資産の属性のほか、当該資産が設備を構成することによりはじめて法人の収益を生み出すものとなるという特質を有する点において、他の減価償却資産と異なるものであり、このような特質を有する減価償却資産については、当該資産の取得金額の費用化を、それぞれの資産ごとに行うのではなく、当該設備について行うのが減価償却資産制度の趣旨に照らして合理的であるということができる。そうすると、製品の生産・製造又は役務の提供を目的として、1つの機器が単体で、又は2つ以上の機器が有機的に結合する

　ことにより１つの設備を構成する有形資産を「機械及び装置」として減価償却資産とすることも法人税法２条23号及び施行令13条の趣旨に沿うものというべきである。

ウ　以上の諸点に鑑みると、🔟「機械及び装置」とは、製品の生産・製造又は役務の提供を目的として、１つの機器が単体で、又は２つ以上の機器が有機的に結合することにより１つの設備を構成する有形資産をいうものと解するのが相当である。そして、🔟資産の生み出す収益に応じてその取得金額を費用化するという減価償却資産制度の趣旨からすれば、当該資産が製品の生産・製造又は役務の提供を目的として、１つの機器が単体で、又は２つ以上の機器が有機的に結合することにより１つの設備を構成するものか否かについては、当該資産の用途、機能、実際の設置使用状況等（以下「当該資産の使用状況等」という。）に基づいて判断するのが相当である（したがって、通常は「器具及び備品」に当たるとされる資産も、一定の設置使用状況等の下では「機械及び装置」に当たることもあり得ることになる。）。

判決文の🔟～🔟のポイントは、それぞれ次のとおりです。

🔟：法人税法施行令13条は、減価償却資産として、建物及びその附属設備、構築物、機械及び装置、船舶、航空機、車両及び運搬具、工具、器具及び備品、鉱業権等の無形固定資産、牛等の生物を規定している。

🔟：租税法規の解釈は、原則として文理解釈によるべきであり、「機械及び装置」の意義についても、その字句が通常意味するところにより解釈されるべきであるところ、法人税法施行令13条の規定によると、「機械及び装置」「工具」「器具及び備品」は、次の〈１〉～〈４〉以外の減価償却資産を意味するものと解される。

　〈１〉　土地の定着物としての性質を有する建物及びその附属設備並びに構築物
　〈２〉　人又は物の運搬を目的とする船舶、航空機、車両及び運搬具
　〈３〉　無形固定資産である鉱業権等
　〈４〉　生物である牛等

3：『広辞苑』によれば、用語の意味は、次のとおりである

> **機械**　外力に抵抗し得る物体の結合からなり、一定の相対運動をな
> し、外部から与えられたエネルギーを有用な仕事に変形するもの
> であって、主に人力以外の動力による複雑で大規模なもの
> **装置**　ある目的のために機械・道具などを取り付けたしかけ
> **工具**　工作に用いる器具
> **器具**　しくみの簡単な器械
> **備品**　備え付けておく品物

このような「機械及び装置」「工具」「器具及び備品」の通常の意味に応
じて、上記**2**の〈1〉～〈4〉以外の減価償却資産を区分するならば、
「機械及び装置」は、

> 製品の生産・製造又は役務の提供を目的として、1つの機器が単体
> で、又は2つ以上の機器が有機的に結合することにより1つの設備
> を構成する有形資産

を意味するものと解される。

4：減価償却制度は、減価償却資産の取得費用をその耐用年数にわたって配
分することにより、各事業年度の損益計算を適正なものとし、投下資本
の回収を図ることを目的とするものと解される。法人税法2条23号及び
法人税法施行令13条は、減価償却資産によって、その取得費用を適正に
配分する方法が異なり得る点等に着目して減価償却資産を類型化したも
のと解される。

5：減価償却資産のうち、

> 製品の生産・製造又は役務の提供を目的として、1つの機器が単体
> で、又は2つ以上の機器が有機的に結合することにより1つの設備
> を構成する有形資産

については、その特質に鑑み、取得金額の費用化を、それぞれの資産ごとに行うのではなく、当該設備について行うのが減価償却資産制度の趣旨に照らして合理的である。そうすると、

> 製品の生産・製造又は役務の提供を目的として、1つの機器が単体で、又は2つ以上の機器が有機的に結合することにより1つの設備を構成する有形資産

を「機械及び装置」として減価償却資産とすることも法人税法2条23号及び法人税法施行令13条の趣旨に沿うものというべきである。

6：以上の諸点に鑑みると、「機械及び装置」とは、

> 製品の生産・製造又は役務の提供を目的として、1つの機器が単体で、又は2つ以上の機器が有機的に結合することにより1つの設備を構成する有形資産

をいうものと解するのが相当である。

7：減価償却資産制度の趣旨からすれば、ある資産が

> 製品の生産・製造又は役務の提供を目的として、1つの機器が単体で、又は2つ以上の機器が有機的に結合することにより1つの設備を構成する有形資産

に該当するか否かについては、当該資産の用途、機能、実際の設置使用状況等に基づいて判断するのが相当である。

上記の**1**～**7**のうち、**6**・**7**が結論部分に当たり、大阪地裁平成30年判決は、「機械及び装置」の用語が通常意味するところや、減価償却資産制度の趣旨に照らして、これらの結論を導いています。

⚲ クローズアップ

　名古屋地裁平成17年判決は、次のとおり、「用語の解釈に当たって、日本語の通常の用語例に従うべきことは、法令一般に妥当することであるが・・・租税法の分野においては・・・国民に不測の不利益を与えぬよう、特に厳格な解釈態度が求められる」と判示しています。

名古屋地裁平成17年 6 月29日判決
　租税賦課の根拠となるべき法令すなわち租税法中の用語は、当該法令ないし他の国法によって定義が与えられている場合は、これによるべきことは当然であるが、そうでない場合には、原則として、日本語の通常の用語例による意味内容が与えられるべきである（このように、用語の解釈に当たって、日本語の通常の用語例に従うべきことは、法令一般に妥当することであるが、国民に義務を賦課する租税法の分野においては、国民に不測の不利益を与えぬよう、特に厳格な解釈態度が求められるというべきである。）。

---

2. 2. 2　当てはめ

　大阪地裁平成30年判決は、【事　例】と同様の事案で、次のとおり判示し、本件各資産は、「機械及び装置」に該当すると判断しました。

大阪地裁平成30年 3 月14日判決
　本件各資産を含む本件各機器は、当該資産の使用状況等に照らし、本件各パン製造場において、有機的に結合し一体となって大量のパン等を反復的継続的に製造しているものということができるから、パン等の製造を目的として有機的に結合することにより 1 つの設備を構成しているというべきであり、「機械及び装置」に該当すると認められる。

　この判断の根拠として、大阪地裁平成30年判決は、次の事実を挙げています。

- A社は、パン製造工場において、大量のパン等を反復的継続的に製造している。
- 本件各機器は、それぞれパン等の製造のために設置使用されているものである。
- 本件各機器は、大量のパン等を反復的継続的に製造する工程において、それぞれ工程の一部を分担し、ある機器による作業成果を前提に次の工程を担当する機器による作業が行われている。
- 本件各機器が互いに近接した場所に、パン等の製造工程に沿った作業が効率的に可能となるよう配置されている。

なお、大阪地裁平成30年判決のイメージを図に示すと、**図表1**のとおりです。

図表1

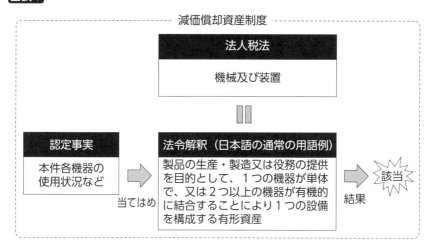

2.3　結　論

本件各資産を含む本件各機器は、「機械及び装置」に該当します（大阪地裁平成30年判決）。

3　エピローグ

学生　「機械及び装置」という用語は、法人税法に定義がなく、また、借用概念でもないので、通常の用語例に従って解釈すればよい、ということでしょうか。

教授　そうですね。ただし、そのような解釈をするに当たっては、名古屋地裁平成17年判決が判示するように、厳格な解釈態度が求められます。

学生　耐用年数省令の別表一の「器具及び備品」に「電気冷蔵庫、電気洗濯機その他これらに類する電気又はガス機器」が掲げられていて、パン製造機器は、これに該当すると思ったのですが。

教授　納税者も、そのような主張をしましたが、大阪地裁平成30年判決は、「通常は『器具及び備品』に当たるとされる資産も、一定の設備使用状況等の下では『機械及び装置』に当たることもあり得る」と判示しています。本件のパン製造機器は「機械及び装置」に当たるとされましたが、「有機的に結合し一体となって大量のパン等を反復的継続的に製造している」と評価される状況にあったのがポイントでしょうね。このあたりは、個別の事情に応じた判断になるところだと思います。

参考文献等

名古屋地裁平成17年判決：名古屋地判平成17年 6 月29日（D1-Law.com 判例体系／判例 ID28110243）

大阪地裁平成30年判決：大阪地判平成30年 3 月14日（D1-Law.com 判例体系／判例 ID 28271099、TAINS／コード Z268-13135（別表 1 ））

第7講
不確定概念
—「不相当に高額」—

1 プロローグ

教授 役員退職給与のうち「不相当に高額な部分」は、損金不算入とされます。それでは、「不相当に高額」かどうかは、どのように判定すべきだと思いますか。

学生 社会通念に照らして、ということでしょうか。

教授 確かに、そうとも言えますが、金額を確定するための客観的基準としては、どのようなものが考えられるでしょうか。

学生 他社平均との比較でしたら、客観性が担保できると思います。

教授 そうですね。ただ、儲かっている会社もあれば、そうでない会社もあります。また、創業時からの取締役もいらっしゃれば、2年で退任された取締役もいらっしゃいます。法令の「不相当に高額」という概念から、どのように具体的な金額を算定するのか、事例で確認してみましょう。

2 「不相当に高額な部分」の判定

2.1 事 例

【事 例】

　後記(1)～(8)の事実関係の下、甲に対する役員退職給与（8,000万円）は、全額を損金の額に算入することができるか。

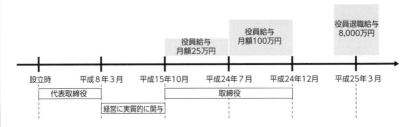

(1)　甲は、A社の設立時に、同社の代表取締役に就任したが、平成8年3月に退任した。

(2)　上記(1)の退任は、他の取締役の不祥事により、取締役全員が辞任したことに伴うものであり、退任に際して、甲に退職給与は支給されなかった。

(3)　甲は、平成8年4月から平成15年9月までの間、継続的に、A社の経理や予算管理に係る業務を担い、さらに、A社の重要な経営判断や実務処理に参与したこともあった。

(5)　甲は、平成15年10月にA社の取締役に就任し、平成24年12月に退任した。

(6)　A社は、平成15年10月から平成24年6月までの間、甲に対し、役員報酬として月額25万円を支給していた。

(7)　A社は、平成24年7月以降、甲に対する役員報酬を月額100万円に増額した。ただし、A社は、平成23年3月期から平成25年3月期にかけて、売上金額及び売上総利益の額が減少傾向にあった。

(8)　A社は、平成25年3月、甲に対し、役員退職給与として、次の算

式により算定した8,000万円を支給した。

　なお、勤続年数は 1 年を単位とし、端数は切り上げている。

《算式》

　最終月額報酬（100万円）×勤続年数（10年）×功績倍率（ 8 倍）

クローズアップ

法人税法34条 4 項は、次のとおり規定しています。

> **法人税法**
> **（役員給与の損金不算入）**
> **第34条**
> 　1 ～ 3 　（略）
> 　4 　前 3 項に規定する給与には、債務の免除による利益その他の経済的
> 　な利益を含むものとする。
> 　5 ～ 8 　（略）

　この規定のとおり、役員給与の損金不算入の判定上、「給与」とは、「役員給与」という名目で支給されるものに限りません。

　以下、**【事 例】** では、明示されている支給額以外に、役員退職給与となるべきものはないことを前提とします。

2.2　検　討

2.2.1　法人税法の規定

法人税法34条 2 項は、次のとおり規定しています。

> **法人税法**
> **（役員給与の損金不算入）**
> **第34条** 　（略）

> 2　内国法人がその役員に対して支給する給与（前項又は次項の規定の適用が
> あるものを除く。）の額のうち不相当に高額な部分の金額として政令で定める
> 金額は、その内国法人の各事業年度の所得の金額の計算上、損金の額に算入
> しない。
> 3〜8　（略）

　この規定は、役員給与のうち不相当に高額な部分は、損金の額に算入しない
旨を規定するものです。
　この「不相当に高額な部分」の具体的な判定は、法人税法施行令70条の規定
するところによります。
　具体的には、同条2号は、役員退職給与の「不相当に高額な部分」について、
次のとおり規定しています。

> **法人税法施行令**
> **（過大な役員給与の額）**
> **第70条**　法第34条第2項（役員給与の損金不算入）に規定する政令で定める金
> 額は、次に掲げる金額の合計額とする。
> 　一　（略）
> 　二　内国法人が各事業年度においてその退職した役員に対して支給した退職
> 　　給与（法第34条第1項又は第3項の規定の適用があるものを除く。以下こ
> 　　の号において同じ。）の額が、①当該役員のその内国法人の業務に従事した
> 　　期間、②その退職の事情、③その内国法人と同種の事業を営む法人でその事
> 　　業規模が類似するものの役員に対する退職給与の支給の状況④等に照らし、
> 　　その退職した役員に対する退職給与として相当であると認められる金額を
> 　　超える場合におけるその超える部分の金額
> 　三　（略）

　この規定のイメージを図に示すと、**図表1**のとおりです（上記の下線部①〜
④と**図表1**の①〜④とは、1対1対応の関係にあります）。

図表1

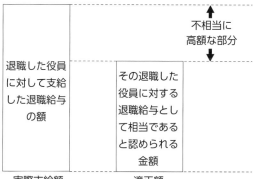

図表1の①～④の基準には抽象的なところがあり、法人税法施行令70条2号の文言から、役員退職給与の適正額を一義的に確定することは困難です。

それでは、どうすべきでしょうか。

2.2.2　課税実務と裁判例

役員退職給与の適正額については、課税実務として、一般に、**図表2**の3つの算定方法があります。

これらの方法については、法令の文言から直ちにその内容が読み取れるものではないものの、裁判例の積み重ねがあり、一般的な法令解釈として成立しています。

図表2

平均功績倍率法 （平均功績倍率 × 最終月額報酬 × 勤 続 年 数）	同業類似法人（図表3参照）の役員退職給与の支給事例における功績倍率（図表3参照）の平均値に、その退職役員の最終月額報酬及び勤続年数を乗じて算定する方法 《算式》 $$適正額 = \frac{X_1 + X_2 + X_3 + \cdots X_n}{n} \times Y \times Z$$ （注）　X_1：同業類似法人の役員退職給与の支給事例（1件目）における功績倍率 　　　　X_2：同業類似法人の役員退職給与の支給事例（2件目）における功績倍率 　　　　　　　　　　　　： 　　　　X_n：同業類似法人の役員退職給与の支給事例（n件目）における功績倍率 　　　　Y：退職役員の最終月額報酬 　　　　Z：退職役員の勤続年数
1 年 当 た り 平 均 額 法 （1年当たり退職 給与額の平均額 × 勤 続 年 数）	同業類似法人の役員退職給与の支給事例における役員退職給与の額を、その退職役員の勤続年数で除して得た額の平均額に、当該退職役員の勤続年数を乗じて算定する方法 《算式》 $$適正額 = \frac{X_1 + X_2 + X_3 + \cdots X_n}{n} \times Y$$ （注）　X_1：同業類似法人の役員退職給与の支給事例（1件目）における「役員退職給与の額÷その退職役員の勤続年数」 　　　　X_2：同業類似法人の役員退職給与の支給事例（2件目）における「役員退職給与の額÷その退職役員の勤続年数」 　　　　　　　　　　　　： 　　　　X_n：同業類似法人の役員退職給与の支給事例（n件目）における「役員退職給与の額÷その退職役員の勤続年数」 　　　　Y：退職役員の勤続年数
最高功績倍率法 （最高功績倍率 × 最終月額報酬 × 勤 続 年 数）	同業類似法人の役員退職給与の支給事例における功績倍率の最高値に、その退職役員の最終月額報酬及び勤続年数を乗じて算定する方法 《算式》 $$適正額 = X_i \times Y \times Z$$ （注）　X_i：同業類似法人の役員退職給与の支給事例（n件）における功績倍率の最高値（i件目） 　　　　Y：退職役員の最終月額報酬 　　　　Z：退職役員の勤続年数

図表3

同 業 類 似 法 人	役員退職給与を支給した当該法人と同種の事業を営み、かつ、その事業規模が類似する法人
功 績 倍 率	同業類似法人の役員退職給与の額を、その退職役員の最終月額報酬に勤続年数を乗じた額で除して得た倍率 《算式》 功績倍率 ＝ $\dfrac{\text{同業類似法人の役員退職給与の額}}{\text{その退職役員の最終月額報酬} \times \text{その退職役員の勤続年数}}$

　ここで、**図表2**の算定方法のうち、法令の趣旨に最も合致する合理的なものはどれでしょうか。

　この点について、東京地裁平成25年判決は、次のとおり判示しています。

東京地裁平成25年 3 月22日判決

　役員退職給与の適正額の算定方法については・・・一般に、平均功績倍率法、1 年当たり平均額法及び最高功績倍率法がある。

　平均功績倍率法は、同業類似法人の役員退職給与の支給事例における平均功績倍率に、当該退職役員の最終月額報酬及び勤続年数を乗じて算定する方法であるところ、〈 1 〉最終月額報酬は、通常、当該退職役員の在職期間中における報酬の最高額を示すものであるとともに、当該退職役員の在職期間中における法人に対する功績の程度を最もよく反映しているものといえること、〈 2 〉勤続年数は、旧施行令72条及び施行令70条 2 号が明文で規定する「当該役員のその内国法人の業務に従事した期間」に相当すること、〈 3 〉功績倍率は、役員退職給与額が当該退職役員の最終月額報酬に勤続年数を乗じた金額に対し、いかなる倍率になっているかを示す数値であり、当該退職役員の法人に対する功績や法人の退職給与支払能力など、最終月額報酬及び勤続年数以外の役員退職給与の額に影響を及ぼす一切の事情を総合評価した係数であるということができるところ、同業類似法人における功績倍率の平均値を算定することにより、同業類似法人間に通常存在する諸要素の差異やその個々の特殊性が捨象され、より平準化された数値が得られるものといえることからすれば、このような最終月額報酬、勤続年数及び平均功績倍率を用いて役員退職給与の適正額を算定する平均功績倍率法は、その同業類似法人の抽出が合理的に行われる限り、旧法36条及び旧施行令72条並びに法34条 2 項及び施行令70条 2 号の趣旨に最も合致する合理的な方法というべきである。

　この判示によれば、「平均功績倍率法」が法令の趣旨に最も合致する合理的な方法です。

　その理由は、計算要素のそれぞれについて、次のとおりです。

- 最終月額報酬
  - 通常、退職役員の在職期間中における報酬の最高額を示すものであるとともに、退職役員の在職期間中における法人に対する功績の程度を最もよく反映している
- 勤続年数
  - 法人税法施行令70条2号が明文で規定する「当該役員のその内国法人の業務に従事した期間」に相当する
- （平均）功績倍率
  - 退職役員の功績や法人の退職給与支払能力など、（最終月額報酬及び勤続年数以外の）役員退職給与の額に影響を及ぼす一切の事情を総合評価した係数である
  - 同業類似法人における功績倍率の平均値を算定することにより、より平準化された数値が得られる

　このように、「平均功績倍率法」が法令の趣旨に最も合致する合理的な方法であるとしても、例えば、会社創業者が退職した場合などでは、「平均功績倍率法」により算定した金額に、さらに上乗せ（功労加算）をしたい場合もあるでしょう。

　このような上乗せの可否について、東京地裁平成25年判決は、次のとおり判示しています。

東京地裁平成25年3月22日判決

　旧施行令72条及び施行令70条2号が、役員退職給与の適正額の算定要素として、業務に従事した期間、退職の事情及び同業類似法人の役員に対する退職給与の支給の状況等を列挙している趣旨は、当該退職役員又は当該法人に存する個別事情のうち、役員退職給与の適正額の算定に当たって考慮することが合理

的であるものについては考慮すべきであるが、かかる個別事情には種々のものがあり、かつ、その考慮すべき程度も様々であるところ、これらの個別事情のうち、業務に従事した期間 及び 退職の事情 については、退職役員個人の個別事情として顕著であり、かつ、役員退職給与の適正額の算定に当たって考慮することが合理的であると認められることから、これらを考慮すべき個別事情として例示する一方、その他の必ずしも個別事情として顕著とはいい難い種々の事情 については、原則として同業類似法人の役員に対する退職給与の支給の状況として把握するものとし、これを考慮することによって、役員退職給与の適正額に反映されるべきものとしたことにあると解される。

　そうすると、当該退職役員及び当該法人に存する個別事情であっても、旧施行令72条及び施行令70条2号に例示されている業務に従事した期間及び退職の事情以外の種々の事情 については、原則として、同業類似法人の役員に対する退職給与の支給の状況として把握されるべきものであり、同業類似法人の抽出が合理的に行われる限り、役員退職給与の適正額を算定するに当たり、これを別途考慮して功労加算する必要はないというべきであって、同業類似法人の抽出が合理的に行われてもなお、同業類似法人の役員に対する退職給与の支給の状況として把握されたとはいい難いほどの極めて特殊な事情があると認められる場合に限り、これを別途考慮すれば足りるというべきである。

この判示のポイントは、次のとおりです。

- 業務に従事した期間
  - 考慮すべき個別事情として法人税法施行令70条2号に例示されている
- 退職の事情
  - 考慮すべき個別事情として法人税法施行令70条2号に例示されている
- その他の種々の事情
  - 原則として、「同業類似法人の役員に対する退職給与の支給の状況」として把握する
  - 同業類似法人の抽出が合理的に行われてもなお、同業類似法人の役員に対する退職給与の支給の状況として把握されたとはいい難いほどの極めて特殊な事情があると認められる場合に限り、これを別途考慮する

　以上述べたことに基づき、法人税法施行令70条2号の文言と、「平均功績倍率法」の計算要素との関係のイメージを示すと、**図表4**のとおりです。

図表4

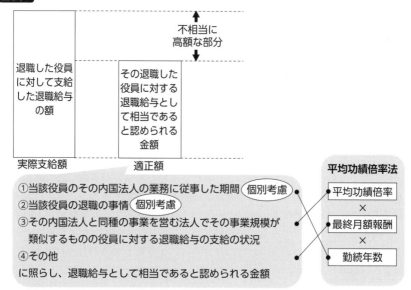

クローズアップ

　図表4の「②当該役員の退職の事情」を別途考慮すべきか否かが争われた事例として、次の裁判例があります。

（1）　岡山地裁平成21年判決は、創業者社長が業務上の事故により死亡した事案において、次のとおり判示しています。

岡山地裁平成21年5月19日判決

　原告〔旧所属法人〕は、亡乙が創業者社長であり、創業以来死亡するまで原告の代表取締役の地位にあったが、業務上の事故により死亡するに至ったことを考慮する必要があると主張するが、亡乙の生前の原告の損益状況が上記のとおりである以上、客観的にみて、亡乙にさしたる功績があるとは認められないことは上記のとおりであるし、創業者社長で

あることや創業以来死亡するまで原告の代表取締役の地位にあったこと
は、原告の損益状況を離れて、それ自体を功績と認めるべきではない。
さらに、亡乙が業務上の事故により死亡したことについても、現に○○
税務署長が本件更正処分に当たってそうしたとおり、別途弔慰金等の支
給によってこれを考慮すれば足りるのであって、亡乙が死亡したことに
よりB〔相互会社〕から本件死亡保険金○億○○万○○円が原告に支払
われたからといって、これを亡乙の功績と評価することはできないし、
評価すべきでもない。

(2)　東京地裁平成25年判決は、会社側が、「元取締役が自殺するに至っ
　　たのは、業務上の過度の負担により、うつ病等に罹患したためである」
　　と主張したのに対し、次のとおり判示しています。

東京地裁平成25年3月22日判決
　亡乙〔死亡退職した役員〕がうつ病等に罹患し、自殺するに至った要
因が、原告〔旧所属法人〕における各種事務や巨額の個人保証等による
過度の負担であったとまで認めるに足りる証拠はないといわざるを得な
いのであって、このことをもって、同業類似法人の抽出が合理的に行わ
れてもなお、同業類似法人の役員に対する退職給与の支給の状況として
把握されたとはいい難いほどの極めて特殊な事情があるとは認められな
い。

2.2.3　当てはめ

⑴　「平均功績倍率法」による場合

【事例】では、甲に対する役員退職給与は、次のとおり算定されています。
《算式》

> 最終月額報酬（100万円）×勤続年数（10年）×功績倍率（8倍）

　仮に、この算定方法を「平均功績倍率法」によったものとみると、A社が
採用した「100万円」「10年」「8倍」という数額については、次のような疑問
が生じます。

- 最終月額報酬
  - ➤ 在職期間中の報酬額（100万円）に不相当に高額な部分はないか。
- 勤続年数
  - ➤ 法的には役員でないが、実質的に経営に関与していた平成8年4月から平成15年9月までの期間を含めることはできないか。
  - ➤ 法的に役員であった、設立から平成8年3月までの期間を含めることはできないか。
- 功績倍率
  - ➤ A社が採用した8倍は高すぎるのではないか。

これらの疑問の当否は、【事 例】の前提からだけでは判断できませんが、裁判例に照らすと、次のように判断される可能性があります。

- 最終月額報酬
  - ➤ 同業類似法人の支給事例と比較して、不相当に高額な部分は排除すべきである。【事 例】の退職直前の増額は、不相当に高額な部分の存在をうかがわせる[1]。
- 勤続年数
  - ➤ 実質的に経営に従事していた役員退任期間（平成8年4月～平成15年9月）も通算することが可能である[2]。
  - ➤ 平成8年3月の退任は、不祥事の責任を取る趣旨で行われたもので、支給すべき退職給与が存在しないとの評価を前提としたものであるから、設立から平成8年3月の退任までの間の勤続年数を考慮することはできない[3]。
- 功績倍率
  - ➤ 同業類似法人との比較になる。3.5倍となった例[4]もあれば、1.06倍と

---

[1]　大分地裁平成20年12月1日判決（D1-Law.com 判例体系／判例 ID28173647）
[2]　東京地裁令和2年3月24日判決（D1-Law.com 判例体系／判例 ID28283976）
[3]　東京地裁令和2年3月24日判決（D1-Law.com 判例体系／判例 ID28283976）
[4]　大分地裁平成20年12月1日判決（D1-Law.com 判例体系／判例 ID28173647）

なった例[5]もある。

　以上によると、甲に対する役員退職給与の額には、「最終月額報酬」と「功績倍率」の点で「不相当に高額な部分」が生じていることがうかがわれます。
　なお、「最終月額報酬」と「功績倍率」の適正値については、課税庁において、同業類似法人を抽出し、役員（退職）給与の支給状況を把握するなどして、計算されることになります。

⑵ 「1年当たり平均額法」による場合
　上記⑴については、そもそも「平均功績倍率法」によることは適切ではない、という判断もあり得ます。
　なぜなら、【事 例】では、甲の最終月額報酬100万円が、A社に対する功績の程度を最もよく反映している、とはいい難いからです。
　実際、同様の事案で、「1年当たり平均額法」が合理的であるとされた事例もあります[6]。
　なお、「1年当たり平均額法」による場合にも、同業類似法人の抽出や、役員退職給与の支給状況の把握が必要となります。

クローズアップ

　役員給与（退職給与以外）に「不相当に高額な部分」があるか否かについては、次の基準により判断することとされています（法令70−イ）。
　⑴　当該役員の職務の内容
　⑵　その内国法人の収益の状況
　⑶　その使用人に対する給与の支給の状況
　⑷　同業類似法人の役員給与の支給の状況
　⑸　その他

※5　東京地裁令和2年2月19日判決（D1-Law.com 判例体系／判例 ID28281944）
※6　東京地裁令和2年3月24日判決（D1-Law.com 判例体系／判例 ID28283976）

　しかし、上記(4)は、納税者にとって入手困難な情報であり、このような法令の定めは、租税法律主義（憲法84条）に違反する、とも考えられます。

　この点について、東京地裁平成28年判決は、次のとおり、憲法には違反しないと判示しています。

東京地裁平成28年4月22日判決

　上記(1)ないし(3)の事項については、納税者において把握している事項である。そして、上記(4)の事項についても・・・一般に公表された統計等により、法人の規模や業務に応じた役員報酬ないし役員給与の傾向ないし概要を把握することは可能であることが認められるところ、このことからすれば、同事項についても入手可能な資料等から一定程度の予測は可能であるというべきであって、これらの各事項を前記に述べたような、旧法人税法34条1項及び法人税法34条2項の規定の趣旨に照らして考慮すれば、納税申告の時点において、「不相当に高額な部分の金額」について、必ずしも確定的な金額までは判明しないとしても相応の予測は可能であるというべきである。したがって、旧法人税法施行令69条及び法人税法施行令70条1号イの規定は、法律により委任された課税要件を規定したものとして一般的に是認し得る程度に具体的で客観的なものであるというべきである。

　以上によれば、旧法人税法施行令69条及び法人税法施行令70条1号イに規定する上記(1)ないし(4)の事項を考慮して旧法人税法34条1項及び法人税法34条2項の「不相当に高額な部分の金額」を判断し、これらの規定を適用することについて、憲法84条の規定に違反するものということはできない。

2.3　結 論

　甲に対する役員退職給与（8,000万円）のうち一部は、損金不算入とされる可能性が高いものの、その金額が具体的にいくらであるかについては、課税庁において、同業類似法人を抽出するなどして、計算されることになります。

3　エピローグ

> **学生**　役員退職給与の「不相当に高額な部分の金額」の計算については、法令に細かく規定されていないものの、課税実務として定着している方法がある、ということが分かりました。
>
> **教授**　法人税法施行令70条2号は、法令の文言に数字を当てはめれば答えが出る、というものではないので、「平均功績倍率法」などの方法によらざるを得ないのが実情です。もっとも、法令の文言からかけ離れているわけではありませんし、多くの裁判例で用いられている方法です。
>
> **学生**　「不相当に高額」のように、租税法に用いられている抽象的・多義的な概念としては、他にどのようなものありますか。
>
> **教授**　過少申告についての「正当な理由」や、財産評価通達の総則6項の「著しく不適当」など、多くのものがあります。一般に、「不確定概念」と呼ばれていますが、実際にどのように判断されるかについては、否認事例や裁判例などを参考にされるとよいと思います。

参考文献等

岡山地裁平成21年判決：岡山地判平成21年5月19日（D1-Law.com 判例体系／判例 ID 28211118）

東京地裁平成25年判決：東京地判平成25年3月22日（D1-Law.com 判例体系／判例 ID 28232354）

東京地裁平成28年判決：東京地判平成28年4月22日（D1-Law.com 判例体系／判例 ID 28253242）

第8講
一般に公正妥当と認められる会計処理の基準

1　プロローグ

教授　法人税法22条4項は、どのようなことを規定していますか。

学生　所得の金額は、別段の定めがない限り、「一般に公正妥当と認められる会計処理の基準」に従って計算される、と規定しています。

教授　「財務諸表等の用語、様式及び作成方法に関する規則」の1条2項は、どのようなことを規定していますか。

学生　企業会計審議会により公表された企業会計の基準は、「一般に公正妥当と認められる企業会計の基準」に該当する、と規定しています。

教授　では、企業会計審議会の公表する企業会計の基準は、法人税法の「一般に公正妥当と認められる会計処理の基準」に該当するでしょうか。

学生　はい、該当すると思います。

教授　常に、該当するでしょうか。よく見ると、法人税法は、「企業会計の基準」といわずに、「会計処理の基準」といっています。それに、「公正妥当」の判断基準も不明確です。「会計＝税務」とならなかった事例がありますので、確認してみましょう。

2　不動産流動化実務指針

2.1　事例

【事例】
　後記(1)のハの信託受益権の譲渡について、法人税法上、「金融取引」と取り扱うことは認められるか。

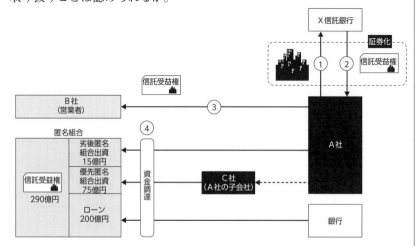

(1)　不動産流動化取引

　イ　A社は、上場会社である。

　ロ　A社は、X信託銀行との間で、次の内容の信託契約を締結し、信託受益権を取得した（上記の図①②）。

委託者	A社
受託者	X信託銀行
信託受益権の受益者	A社
信託財産	A社が所有する土地・建物

　ハ　A社は、B社（特別目的会社）との間で、上記ロの信託受益権をB社に譲渡する契約を締結した（上記の図③）。

　ニ　上記ハの信託受益権の買取代金は、総額で290億円である。

　ホ　Ｂ社は、次のとおり、上記ニの買取代金290億円の調達をした（上記の図④）。

銀行からのローン	200億円
Ａ社の子会社（Ｃ社）からの優先匿名組合出資金	75億円
Ａ社からの劣後匿名組合出資金[※1]	15億円

(2)　不動産流動化取引に係る会計処理

　イ　日本公認会計士協会・会計制度委員会報告第15号「特別目的会社を活用した不動産の流動化に係る譲渡人の会計処理に関する実務指針」（以下「**不動産流動化実務指針**」という）は、次のとおり定めている。

不動産流動化実務指針
不動産の流動化に係る会計処理

5．不動産が特別目的会社に適正な価額で譲渡されており、かつ、当該不動産に係るリスクと経済価値のほとんど全てが、譲受人である特別目的会社を通じて他の者に移転していると認められる場合には、譲渡人は不動産の譲渡取引を　売却取引　として会計処理する。

　　不動産が特別目的会社に適正な価額で譲渡されているが当該不動産に係るリスクと経済価値のほとんど全てが、譲受人である特別目的会社を通じて他の者に移転していると認められない場合には、譲渡人は不動産の譲渡取引を　金融取引　として会計処理する。

リスクと経済価値の移転についての具体的な判断基準

13．流動化された不動産のリスクと経済価値のほとんど全てが、譲受人である特別目的会社を通じて他の者に移転していることを売却の認識の要件としたが、流動化スキームの構成上重要でない一部のリスクが譲渡人に残ることが避けられない場合にまで、売却取引として会計処理することを妨げることは実務上適切ではない。

※1　Ａ社とＢ社との間で、Ｂ社を営業者とし、Ａ社を匿名組合員とする匿名組合契約を締結したことによるものである。

> 　　　リスクと経済価値の移転についての判断に当たっては、リスク負担を流動化する不動産がその価値の全てを失った場合に生ずる損失であるとして、以下に示したリスク負担割合によって判定し、流動化する不動産の譲渡時の適正な価額（時価）に対する<u>リスク負担の金額の割合がおおむね５％の範囲内であれば、リスクと経済価値のほとんど全てが他の者に移転しているものとして取り扱う。</u>
>
> $$リスク負担割合 = \frac{リスク負担の金額}{流動化する不動産の譲渡時の適正な価額（時価）}$$
>
> **リスク負担割合の算定における留意事項**
>
> 16. 不動産の流動化スキームにおいて譲渡人の子会社又は関連会社が特別目的会社に出資を行っていること等により、当該子会社又は関連会社が当該不動産に関する何らかのリスクを負っている場合には、<u>当該子会社又は関連会社が負担するリスクを譲渡人が負担するリスクに加えてリスク負担割合を算定して判断する。</u>

　ロ　上記(1)の取引実行後における、Ａ社の「リスク負担割合」（不動産流動化実務指針13項）を計算すると、次のとおりとなる。

　　《算式》

$$リスク負担割合 = \frac{Ａ社の匿名組合出資額\ 15億円 + Ｃ社の匿名組合出資額\ 75億円}{信託受益権\ 290億円}$$
$$= 31.03\%$$

　ハ　上記ロのリスク負担割合は５％を超えるので、不動産流動化実務指針５項によると、Ａ社による信託受益権の譲渡について、売却処理をすることは認められない。

(3)　信託受益権の買戻し及び信託契約の終了

　　Ａ社は、上記(1)の不動産流動化取引から５年が経過したころ、Ｂ社から信託受益権の買戻しをし、また、Ｘ信託銀行との間で、上記(1)のロの信託契約を終了させることを合意した。

📖 用語解説

信託の基本的な仕組みは、次図のとおりです（信託協会 HP 参照）。

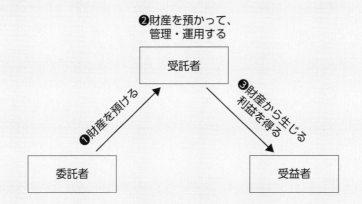

次図のとおり、「委託者」と「受益者」が同一人物のケースもあり、**【事例】**は、このケースに該当します。

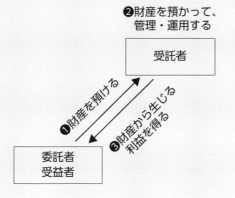

2.2 検 討

2.2.1 法人税法の規定

法人税法22条は、次のとおり規定しています。

法人税法

第22条　（略）

2　内国法人の各事業年度の所得の金額の計算上当該事業年度の<u>益金の額に算入すべき金額</u>は、別段の定めがあるものを除き、<u>資産の販売、有償又は無償による資産の譲渡又は役務の提供、無償による資産の譲受けその他の取引で資本等取引以外のものに係る当該事業年度の収益の額</u>とする。

3　（略）

4　<u>第2項に規定する当該事業年度の収益の額及び前項各号に掲げる額は、別段の定めがあるものを除き、一般に公正妥当と認められる会計処理の基準に従って計算される</u>ものとする。

5　（略）

　この規定によると、法人税法上、収益の額は、「別段の定め」があるものを除き、「一般に公正妥当と認められる会計処理の基準」に従って計算すべきこととなります。

　この「一般に公正妥当と認められる会計処理の基準」について、立法担当者は、次のとおり解説されています。

昭和42年　改正税法のすべて

　「ここにいう<u>『一般に公正妥当と認められる会計処理の基準』</u>とは、客観的な規範性をもつ公正妥当と認められる会計処理の基準という意味であり、<u>明文の基準があることを予定しているわけではありません</u>。企業会計審議会の『企業会計原則』は、『企業会計の実務の中に慣習として発達したもののなかから一般に公正妥当と認められたところを要約したもの』といわれており、その内容は規範性をもつものばかりではありません。もちろん、税法でいっている基準は、この『企業会計原則』のことではないのであります。

　むしろ、この規定は、具体的には<u>企業が会計処理において用いている基準ないし慣行のうち、一般に公正妥当と認められないもののみを税法で認めないこととし、原則としては企業の会計処理を認める</u>という基本方針を示したものであるといえましょう。

　したがって、特殊な会計処理について、それが一般に公正妥当と認められる

　会計処理の基準にのっとっているかどうかは、今後、種々の事例についての判断（裁判所の判例を含む。）の積み重ねによって明確にされていくものと考えます」（下線引用者）（藤掛1967、p.76）

2.2.2　日本公認会計士協会が公表する実務指針

　不動産流動化実務指針5項によると、不動産の流動化に係る会計処理は、**図表1**のとおりとなります。

図表1

	不動産に係るリスクと経済価値のほとんど全てが、他の者に移転していると認められるか否か	
	認められる	認められない
会　計　処　理	売却取引	金融取引

　【事例】では、(2)のハにおいて、「リスク負担割合は5％を超えるので、不動産流動化実務指針5項によると、A社による信託受益権の譲渡について、売却処理をすることは認められない」とされています。

　この点、**【事例】**と同様の事案（目論見書の虚偽記載事件※2）でも、証券取引等監視委員会は、信託受益権の譲渡を「金融取引」として処理することが適切であるとの判断をしました。

　この判断について、弥生真生教授は、「日本公認会計士協会の実務指針に強い規範性を証券取引等監視委員会は認め・・・た」（JICPA 近畿会2012、p.25）と述べておられます。

※2　この事件で、証券取引等監視委員会は、目論見書の虚偽記載を行った会社の元会長に対して課徴金納付命令勧告を行いました。この勧告は、審判手続を経て覆されましたが、その理由は、元会長に虚偽記載の認識はなかった、というものでした。審判手続では、上場前であった同社が（上場会社に適用されるべき）不動産流動化実務指針を適用する必要があったか否かも争われましたが、この点についての検討は行われませんでした（JICPA 近畿会2012、p.11）。

2.2.3　当てはめ

　上記 **2.2.2** を踏まえ、【事 例】の「信託受益権の譲渡」については、会計上、「金融取引」として処理されるものとします。

　ここで、当該譲渡に係る収益の額については、法人税法上、「別段の定め」はありません。

　そうすると、上記の「金融取引」とする会計処理を、法人税法上も、「一般に公正妥当と認められる会計処理の基準」として認めるべきか否かが問題となります。

　この点について、東京高裁平成25年判決は、【事 例】と同様の事案で、まず、法人税法22条 4 項の趣旨について、次のとおり判示しています。

東京高裁平成25年 7 月19日判決

　■〈 1 〉法人税法22条 4 項の定めは、税法といわゆる企業会計原則との調整に関する議論を経て、政府税制調査会が、昭和41年 9 月、「税制簡素化についての中間報告」において、課税所得は、本来、税法・通達という一連の別個の体系のみによって構成されるものではなく、税法以前の概念や原理を前提とするものであるが、絶えず流動する社会経済の事象を反映する課税所得については、税法において完結的にこれを規制するよりも、適切に運用されている会計慣行に委ねることの方がより適当と思われる部分が相当多く、このような観点を明らかにするため、税法において、課税所得は納税者たる企業が継続して適用する健全な会計慣行によって計算する旨の基本規定を設けるとともに、税法においては、企業会計に関する計算原理規定は除外して、必要最小限度の税法独自の計算原理を規定することが適当である旨の「税制簡素化についての中間報告」を発表し、次いで、同年12月、これと同旨の「税制簡素化についての第一次答申」を発表したことを受け、昭和42年度の税制改正において新設されたものであり、■〈 2 〉同項の税会計処理基準とは、客観的な規範性を有する公正妥当と認められる会計処理の基準を意味し、企業会計の実務の中に慣習として発達したものの中から一般に公正妥当と認められたところを要約したものとされるいわゆる企業会計原則をいうものではなく、同項は、企業が会計処理において用いている基準ないし慣行のうち、一般に公正妥当と認められないもののみを税法で認めないこととし、原則としては企業の会計処理を認めるという基本方針を示したものである。

　❸このような同項の立法の経緯及び趣旨のほか、同項が、「企業会計の基準」等の文言を用いず、「一般に公正妥当と認められる会計処理の基準」と規定していることにも照らせば、同項は、同法における所得の金額の計算に係る規定及び制度を簡素なものとすることを旨として設けられた規定であり、現に法人のした収益等の額の計算が、適正な課税及び納税義務の履行の確保を目的（同法1条参照）とする同法の公平な所得計算という要請に反するものでない限り、法人税の課税標準である所得の金額の計算上もこれを是認するのが相当であるとの見地から定められたものと解され（最高裁平成5年判決参照）、❹法人が収益等の額の計算に当たって採った会計処理の基準がそこにいう「一般に公正妥当と認められる会計処理の基準」（税会計処理基準）に該当するといえるか否かについては、これを不動産を信託財産とする信託契約に基づく受益権を有償で譲渡した場合についていうならば、同条2項が、別段の定めがあるものを除き、有償による資産の譲渡により収益が生じる旨規定しており、一般に不動産を信託財産とする信託契約に基づく受益権を有償で譲渡した場合には有償による資産の譲渡にあたり、これにより収益が生じたというべきであることをも踏まえて判断すべきであって、企業会計上の公正会計基準として有力なものであっても、当然に同条4項にいう「一般に公正妥当と認められる会計処理の基準」に該当するものではないと解するのが相当である・・・。

判決文の❶〜❹のポイントは、それぞれ次のとおりです。

❶：法人税法22条4項の定めは、税法において、〈1〉課税所得は健全な会計慣行によって計算する旨の基本規定と、〈2〉必要最小限度の税法独自の計算原理を規定することが適当である旨の「税制簡素化についての中間報告（第一次答申）」が発表されたことを受け、昭和42年度の税制改正において新設されたものである。

❷：法人税法22条4項は、企業が会計処理において用いている基準ないし慣行のうち、一般に公正妥当と認められないもののみを税法で認めないこととし、原則としては企業の会計処理を認めるという基本方針を示したものである（上記 **2.2.1** の立法担当者の解説と同旨）。

❸：法人税法22条4項は、現に法人のした収益等の額の計算が、同法の公平な所得計算という要請に反するものでない限り、課税所得の計算上もこ

れを是認するのが相当であるという見地から定められたものと解される
（最高裁平成 5 年判決）。

4 : 企業会計上の公正会計基準として有力なものであっても、当然に法人税
法22条 4 項にいう「一般に公正妥当と認められる会計処理の基準」に該
当するものではないと解するのが相当である。一般に、不動産を信託財
産とする信託契約に基づく受益権を有償で譲渡した場合には、「有
償・・・による資産の譲渡」（法法22②）に当たり、これにより収益が
生じたというべきである。

以上の点を踏まえて、東京高裁平成25年判決は、不動産流動化実務指針に定
める取扱いが、「一般に公正妥当と認められる会計処理の基準」に該当するか
否かについて、次のとおり判示しています。

東京高裁平成25年 7 月19日判決

　・・・**■**〔不動産流動化実務指針〕は、その対象を同指針にいう特別目的会社
を活用した不動産の流動化がされた場合に限って、当該不動産又はその信託に
係る受益権の譲渡人の会計処理についての取扱いを定めたものであり、当該不
動産又はその信託に係る受益権の譲渡を当該不動産の売却として取り扱うべき
か否かについて、当該不動産等が法的に譲渡され、かつ、その対価を譲渡人が
収入しているときであっても、なお、子会社等を含む譲渡人に残された同指針
のいう意味での不動産のリスクの程度を考慮して、これを金融取引として取り
扱うことがあるとしたものである。

　他方、**■**法人税法は、既に述べたとおり、適正な課税及び納税義務の履行を確
保することを目的とし、資産又は事業から生ずる収益に係る法律関係を基礎に、
それが実質的には他の法人等がその収益として享受するものであると認められ
る場合を除き、基本的に収入の原因となった法律関係に従って、各事業年度の
収益として実現した金額を当該事業年度の益金の額に算入するなどし、当該事
業年度の所得の金額を計算すべきものとしていると解されるところ、**■**当該事業
年度の収益等の額の計算に当たり、本件におけるように、信託に係る受益権が
契約により法的に譲渡され、当該契約に定められた対価を現に収入した場合（こ
の場合に同法上収益の実現があったと解すべきことは明らかである。）におい
て、それが実質的には他の法人等がその収益として享受するものであると認め

られる場合ではなくても、また、同法において他の法人との関係を考慮することができると定められたときにも当たらないにもかかわらず、なお、他の法人との関係をも考慮し、当該収入の原因となった法律関係を離れて、当該譲渡を有償による信託に係る受益権の譲渡とは認識せず、専ら譲渡人について、当該譲渡に係る収益の実現があったとしないものとする取扱いを定めた同指針については、既に述べたところを目的とする同法の公平な所得計算という要請とは別の観点に立って定められたものとして、税会計処理基準に該当するものとは解し難いといわざるを得ないものである。

判決文の**1**～**3**のポイントは、それぞれ次のとおりです。

1：不動産流動化実務指針は、不動産又はその信託に係る受益権が法的に譲渡され、かつ、その対価を譲渡人が収入しているときであっても、なお、子会社等を含む譲渡人に残された不動産のリスクの程度を考慮して、これを金融取引として取り扱うことがあるとしたものである。

2：法人税法は、資産又は事業から生ずる収益について、それが実質的には他の法人等がその収益として享受するものであると認められる場合を除き、基本的に収入の原因となった法律関係に従って、当該事業年度の所得の金額を計算すべきものとしていると解される。

3：不動産流動化実務指針は、信託に係る受益権が法的に譲渡され、対価を現に収入したにもかかわらず、明文の規定なく他の法人との関係を考慮し、法律関係を離れて、譲渡とは認識せず、収益の実現があったとしないものとする取扱いを定めるものである。このような不動産流動化実務指針は、法人税法の公平な所得計算という要請とは別の観点に立って定められたものとして、「一般に公正妥当と認められる会計処理の基準」に該当するものとは解し難い。

以上によれば、【事例】において、「金融取引」とする会計処理は法人税法22条4項にいう「一般に公正妥当と認められる会計処理の基準」に該当せず、法人税法上は、売却処理をすべきと考えられます。

🔍 クローズアップ

東京高裁平成25年判決について、吉村政穂教授は、次のとおり述べておられます。

租税判例百選 第7版

「本判決が、法人税法固有の観点からの判断として、不動産流動化実務指針に基づく処理の公正処理基準該当性を否定した理由は、①法的な譲渡の尊重および②明文の規定なく他の法人との関係を考慮することの拒絶であった」（吉村2021、p. 117）

2.2.4 参 考

東京高裁平成25年判決が、「金融取引」とする会計処理を否定した理由の一つは、「法的な譲渡の尊重」にあります。

しかし、法人税基本通達においては、譲渡があった場合でも、譲渡がなかったものとする取扱いが定められています。

具体的には、法人税基本通達2-1-18は、次のとおり定めています。

法人税基本通達
（固定資産を譲渡担保に供した場合）

2-1-18 法人が債務の弁済の担保としてその有する固定資産を譲渡した場合において、その契約書に次の全ての事項を明らかにし、自己の固定資産として経理しているときは、その譲渡はなかったものとして取り扱う。この場合において、その後その要件のいずれかを欠くに至ったとき又は債務不履行のためその弁済に充てられたときは、これらの事実の生じたときにおいて譲渡があったものとして取り扱う。

(1) 当該担保に係る固定資産を当該法人が従来どおり使用収益すること。

(2) 通常支払うと認められる当該債務に係る利子又はこれに相当する使用料の支払に関する定めがあること。

(注) 形式上買戻条件付譲渡又は再売買の予約とされているものであっても、上記のような条件を具備しているものは、譲渡担保に該当する。

　この通達の趣旨については、『法人税基本通達逐条解説』（税務研究会出版局）　2-1-18の解説部分において、次のとおり解説されています。

法人税基本通達逐条解説

　「譲渡担保には、目的物の占有を債権者に移転する場合と債務者が賃借契約により目的物を引き続き占有し使用する場合とがあるのであるが、後者の場合には、経済的実質において通常の担保権の場合と異ならないところから、担保設定者に譲渡益を計上させて課税することは適当でないので、税務上はその譲渡はなかったものとして取り扱うこととされたものである。また、この場合には、担保の目的で譲渡された減価償却資産は依然債務者の占有に止まっており、債務者の事業の用に供している限り、その資産の減価償却費は債務者において計上することが認められる」（髙橋2021、p.155）

　この解説のイメージを図に示すと、**図表2**のとおりです。

図表2

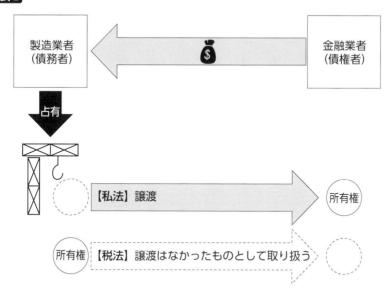

　図表2は、製造業者（債務者）が、債務の担保として、固定資産（機械）の所有権を金融業者（債権者）に譲渡し、同時に、賃借契約により、当該固定資産を引き続き占有し、使用する事例です。

このような事例において、法人税基本通達2−1−18は、経済的実質（担保権）を重視し、税務上その譲渡はなかったものとして取り扱うこととしています。

🔍クローズアップ

東京高裁平成25年判決について、吉村政穂教授は、次のとおり述べておられます。

> **租税判例百選　第7版**
> 「法人税法がリスク負担をまったく考慮の外に置いているかは疑問があり（譲渡担保に関する東京高判平成8・3・26税資215号1114頁参照）、不動産流動化実務指針が子会社・関連会社を通じて負っているリスクも考慮対象としている点が決定的な意味を持ったと考えられる」（吉村2021、p. 117）

2.3　結　論

「金融取引」とする会計処理は、法人税法22条4項にいう「一般に公正妥当と認められる会計処理の基準」に該当せず、法人税法上は、売却処理をすべきと考えられます（東京高裁平成25年判決）。

3　エピローグ

学生　会計の世界では、「一般に公正妥当と認められる」ものであっても、法人税法の世界では、別の観点から受け入れるかどうかの判断がされる、ということですか。

教授　そうですね。法人税法には、公平な所得計算という要請がありますので、その要請に反するものは受け入れられない、ということです。

学生　「一般に公正妥当と認められる会計処理の基準」に該当するかどう
かが争われた事例として、ほかにどのようなものがありますか。

教授　例えば、電気事業会計規則は、電気事業者が従うべき「一般に公正
妥当と認められる会計処理の基準」に当たるので、同規則の「電気事
業固定資産の除却」の要件を満たす有姿除却については、除却損の損
金算入が認められるとした事例[※3]があります。

　また、保有する住宅ローン債権を対象とする信託契約を締結し、そ
の信託受益権を①優先受益権と②劣後受益権に分割し、①優先受益権を
第三者に売却するとともに、②劣後受益権を自らが保有するという仕
組みの取引について、金融商品会計に関する実務指針と同様の会計処
理をし、収益を計上したことは、法人税法上も正当なものとして是認
されるとした事例[※4]があります。具体的には、②劣後受益権につい
て、「債権を取得した」という利益状況に類似しているとして、金融
商品会計に関する実務指針105項と同様の会計処理をすることを選択
し、収益を計上したことは、取引の経済的実態からみて合理的なもの
であり、法人税法上もその会計処理は正当なものとして是認されると
した事例です。

　このほか、過年度に支払を受けた制限超過利息等についての不当利
得返還請求権に係る破産債権が確定した場合に、（前期損益修正によ
らず）制限超過利息等の受領日が属する事業年度の益金の額を減額す
ることは、「一般に公正妥当と認められる会計処理の基準」に従った
ものとはいえないとした事例[※5]があります。

　これらの判断は、ケース・バイ・ケースの判断ですが、その検討過
程は、他の事例を検討する際にも参考になると思いますので、必要に
応じて、判決の原文を確認してみてください。

※3　東京地判平成19年1月31日裁判所 HP 参照（平成17年（行ウ）597号）

※4　東京高判平成26年8月29日裁判所 HP 参照（平成24年（行コ）466号）

※5　最判令和2年7月2日裁判所 HP 参照（平成31年（行ヒ）61号）

参考文献等

最高裁平成 5 年判決：最判平成 5 年11月25日裁判所 HP 参照（平成 4 年（行ツ）45号）

東京高裁平成25年判決：東京高判平成25年 7 月19日（D1-Law.com 判例体系／判例 ID 28212553）

JICPA 近畿会2012：日本公認会計士協会近畿会・大阪弁護士会「『公正なる会計慣行』の論点整理」（2012）

藤掛1967：藤掛一雄「法人税法の改正」『昭和42年　改正税法のすべて』大蔵財務協会 pp. 75-95（1967）

吉村2021：吉村政穂「判批」中里実・佐藤英明・増井良啓・渋谷雅弘・渕圭吾編『租税判例百選　第 7 版』pp. 116-117（2021）。

髙橋2021：髙橋正朗『法人税基本通達逐条解説 【十訂版】』税務研究会出版局（2021）

第 9 講
通達の読み方

1　プロローグ

教授　条文を読む際、法令と通達の違いを意識されることはありますか。

学生　「違いを意識する」というのとは少し異なりますが、法令よりも通達のほうが読みやすく、また、より実務的であると感じています。

教授　では、具体的に、通達をどのように活用されていますか。

学生　事例検討の際は、通達の文言に照らして、丁寧に確認するようにしています。その結果、通達だけで答えが出る場合も多いように感じます。

教授　確かに、そういった場合もあるかもしれませんね。ただ、通達は法令ではないので、もし、租税法律主義の感覚で、一字一句忠実に解釈しているとすると、それは必ずしも正しい読み方とはいえません。また、本来は、通達から導いた答えが、法令の文理や趣旨に照らしても相当であるか、検討する必要があると思います。事例を題材に、通達の読み方を再考してみましょう。

2 通達の法的性格と運用

2.1 通達の法的性格

通達の法的性格について、平成10年裁決は、次のとおり説示しています。

平成10年 6 月 5 日裁決

　通達とは、上級行政庁の下級行政庁に対する命令であって法規たる性質を有せず、それ自体が納税者を拘束するものではない・・・。

　すなわち、通達は、国税庁長官が国税職員に対して発する「命令」であり、納税者を拘束するものではありません（もっとも、納税者にとっては、税務執行の予測可能性を高めるものといえます）。

　また、裁判所や審判所は、通達に拘束されるものではなく、**図表 1** のように判決が通達の改正につながった例も見受けられます。

図表1

	財産評価基本通達189⑵	所得税基本通達59—6⑴
判　　決	東京高裁平成25年 2 月28日判決	最高裁令和 2 年 3 月24日判決
改正経緯	本判決は、株式保有割合25％という数値は、もはや資産構成が著しく株式等に偏っているとまでは評価できなくなっていたと言わざるを得ないと判断した。 　これを受けて、当時の上場会社の株式等の保有状況等に基づき、大会社の株式保有割合による株式保有特定会社の判定基準が「25％以上」から「50％以上」に改正された。	配当還元方式を用いるのは、譲渡人が少数株主に該当する場合（国側の主張）か、譲受人が少数株主に該当する場合（納税者側の主張）かが争われた。 　本判決は、国側の主張を認めたが、補足意見において、本通達の作成手法については、分かりやすさという観点から改善されることが望ましい等の指摘がなされたことを踏まえ、改正が行われた。

2.2　通達の運用

　法人税基本通達の前文には、「法人税基本通達の制定について」と題する文章があり、次のとおり記載されています。

法人税基本通達の制定について

　この通達の具体的な運用に当たっては、法令の規定の趣旨、制度の背景のみならず条理、社会通念をも勘案しつつ、個々の具体的事案に妥当する処理を図るように努められたい。いやしくも、通達の規定中の部分的字句について形式的解釈に固執し、全体の趣旨から逸脱した運用を行ったり、通達中に例示がないとか通達に規定されていないとかの理由だけで法令の規定の趣旨や社会通念等に即しない解釈に陥いったりすることのないように留意されたい。

　このように、通達は、社会通念をも勘案しつつ、弾力的に運用されるべきものとされています。

　ここでいう〝社会通念〟は、各事案によって、また、各人によっても異なり得るものですが、課税庁の考える〝社会通念〟については、国税庁のQ&Aや質疑応答事例などから、その一端に触れることもできます。

🔍 クローズアップ

　国税不服審判所長は、国税庁長官通達に示された法令解釈に拘束されることなく裁決をすることができます。

　ただし、国税庁長官通達に示された法令解釈と異なる解釈により裁決をする場合や、他の国税に係る処分を行う際における法令解釈の重要な先例となると認められる裁決を行う場合は、あらかじめ国税庁長官に意見を通知することとされています。

　意見の通知をした後の手続は、次図のとおりです（審判所2021、p. 2）。

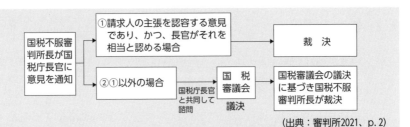

　昭和45年度以降、国税不服審判所長が国税庁長官に意見の通知（申出）をして裁決した審査請求事件は9件ありますが、これらはいずれも、上図の①に該当するものであったことから、国税審議会に諮ることなく、全て国税不服審判所長の意見のとおりの裁決がされています（審判所2020、p. 52）。

3　帳簿貸倒れ

※本セクションでは、「債権者」と「債務者」を見分けやすいよう、引用部分を含め、「債務者」を「債ム者」と記載します。

3.1　事　例

【事例1】

　法律上債権が存在するにもかかわらず、事実上回収不能であることを理由として、帳簿上これを貸倒処理すること（以下「**帳簿貸倒れ**」という）ができる場合がある。

　この場合の取扱いについて、法人税基本通達9-6-2は、次のとおり定めている。

法人税基本通達
（回収不能の金銭債権の貸倒れ）
　9-6-2　法人の有する金銭債権につき、その債ム者の資産状況、支払

　能力等からみてその全額が回収できないことが明らかになった場合には、その明らかになった事業年度において貸倒れとして損金経理をすることができる。この場合において、当該金銭債権について担保物があるときは、その担保物を処分した後でなければ貸倒れとして損金経理をすることはできないものとする。

（注）　保証債務は、現実にこれを履行した後でなければ貸倒れの対象にすることはできないことに留意する。

他方で、最高裁平成16年判決は、次のとおり判示している。

最高裁平成16年12月24日判決

　法人の各事業年度の所得の金額の計算において、金銭債権の貸倒損失を法人税法22条3項3号にいう「当該事業年度の損失の額」として当該事業年度の損金の額に算入するためには、当該金銭債権の全額が回収不能であることを要すると解される。そして、その全額が回収不能であることは客観的に明らかでなければならないが、そのことは、債ム者の資産状況、支払能力等の債ム者側の事情のみならず、債権回収に必要な労力、債権額と取立費用との比較衡量、債権回収を強行することによって生ずる他の債権者とのあつれきなどによる経営的損失等といった債権者側の事情、経済的環境等も踏まえ、社会通念に従って総合的に判断されるべきものである。

　（略）

　以上によれば、E銀〔債権者〕が本件債権について非母体金融機関に対して債権額に応じた損失の平等負担を主張することは、それが前記債権譲渡担保契約に係る被担保債権に含まれているかどうかを問わず、平成8年3月末までの間に社会通念上不可能となっており、当時のDの資産等の状況からすると、本件債権の全額が回収不能であることは客観的に明らかとなっていたというべきである。そして、このことは、本件債権の放棄が解除条件付きでされたことによって左右されるものではない。

　したがって、本件債権相当額は本件事業年度の損失の額として損金の額に算入されるべきであり、その結果、E銀の本件事業年度の欠損金額は○億○万○円となるから、本件各処分は違法である。

以上を踏まえると、後記(1)〜(3)の事実関係の下、P社がS社に対して有

する債権の全額を放棄することは、親会社の責任として行うものであるから、帳簿貸倒れが認められると解してよいか。

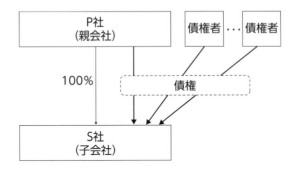

(1)　P社は、S社の発行済株式の全てを保有している。

(2)　P社は、経営不振のS社を整理することとなった。

(3)　S社の整理に当たって、次表のとおり、S社の債権者間で合意した。

債権者	S社に対する債権
P社	全額放棄
P社以外の債権者	60%放棄／40%回収

3.2　検 討

　法人税基本通達9−6−2は、帳簿貸倒れをすることができる場合として、「その債ム者の資産状況、支払能力等からみてその全額が回収できないことが明らかになった場合」を挙げています。

　これに対して、最高裁平成16年判決は、「債権者側の事情」も考慮の対象となる旨判示しています。

　そうすると、法人税基本通達9−6−2の取扱いは、最高裁平成16年判決によって、事実上修正されているとも考えられます。

　しかし、最高裁平成16年判決は、「債ム者側の事情のみならず・・・債権者側の事情、経済的環境等も踏まえ、社会通念に従って総合的に判断されるべきものである」と判示するものです。

　また、最高裁平成16年判決は、次のような特別な事情の下、債権者（E銀行）側の貸倒処理を認めたものでもありました。

- E銀行は、経営の破たんした住宅金融専門会社（D）の設立母体である。
- E銀行は、閣議決定等で示された処理計画に沿ってDに対する貸付債権を全額放棄した。
- Dは、Dの設立母体以外の金融機関（以下「**非母体金融機関**」という）。からも借入れを行っていたが、「Dの資産からの回収見込額＜非母体金融機関からの借入金総額」という状況にあった。
- E銀行は、Dの経営に深く関わり、Dの再建計画に責任を持って対応することを明確にしていた。
- E銀行は、非母体金融機関の一部から回収不能部分についても責任を負うように求められていて、せいぜい、貸出金全額の放棄を限度とする責任を主張することしかできない情勢にあった。

以上を踏まえると、次のように考えられます。

- 最高裁平成16年判決は、「債権者側の事情」について、総合的な判断の際に踏まえるべき一事情として挙げているに過ぎない。
- 法人税基本通達9-6-2も、そのような総合的な判断までをも否定するものではない。
- 最高裁平成16年判決において、「債権者側の事情」が重みをもって考慮されたのは、住専処理問題という特異な状況を背景としたものである。

　この点、最高裁調査官は、最高裁平成16年判決について、次のとおり解説されています。

最高裁判所判例解説　民事篇　平成16年度（下）
　「金銭債権の全額が回収不能であるかどうかが債ム者の支払能力に大きく依存する以上、回収不能であることが客観的に明らかであるかどうかを判断する上

で、債ム者側の事情が一般的には大きな比重を占めることは否定し難いであろ
う。どのような事情がどの程度の重みをもって考慮されるべきかは、個別、具
体的な事案における社会通念に従った総合的な判断によって決せられるべきも
のと考えられる」（下線引用者）（阪本2007、pp. 845-846）

　また、この解説を踏まえ、『法人税基本通達逐条解説』（税務研究会出版局）
9-6-2の解説部分において、次のとおり解説されています。

法人税基本通達逐条解説

　「本判決では、回収不能かどうかの判定に当たって債権者側の事情等をも考慮
の対象となることを明らかにしているのであるが、課税実務においては、それ
をどのような場合にどの程度勘案するかの判断には難しいものがあろう。一般
には、回収不能かどうかは第一義的には債ム者側の事情により判断することと
なるであろうし、本判決が住専処理問題という特異な状況を背景としたもので
あることを踏まえると、債ム者側の事情のみでは回収不能かどうかを判断する
ことができない事情があるかどうかも個別具体の事例に即して慎重に見極める
必要があろう。また、その事情のいかんによっては、貸倒損失の計上以外にも、
個別評価金銭債権に係る貸倒引当金制度を適用することや、債権者として債権
を放棄する場合においてそれが子会社等を整理するため又は再建するためのも
のであれば法人税基本通達9-4-1《子会社等を整理する場合の損失負担等》又
は9-4-2《子会社等を再建する場合の無利虐、貸付け等》の適用も視野に入
れた検討が必要となろう」（下線引用者）（髙橋2021、p. 1072）

　以上によれば、【事例1】では、「親会社の責任として行う」という債権者側
の事情のみをもって、帳簿貸倒れが認められると解することは困難です。
　【事例1】では、むしろ、法人税基本通達9-4-1の適用も視野に入れた検
討が必要と考えられます。

3.3　結　論

　「親会社の責任として行う」という（抽象的な）債権者側の事情のみをもって、直ちに、帳簿貸倒れが認められると解することは困難で、むしろ、法人税基本通達9－4－1の適用も視野に入れた検討が必要と考えられます。

4　寄附金

4.1　事　例

【事例2】

　法人税法37条7項は、次のとおり規定している。

> **法人税法**
> **（寄附金の損金不算入）**
> 第37条　（略）
> 2～6　（略）
> 7　前各項に規定する寄附金の額は、寄附金、拠出金、見舞金その他いずれの名義をもってするかを問わず、内国法人が金銭その他の資産又は経済的な利益の贈与又は無償の供与（広告宣伝及び見本品の費用その他これらに類する費用並びに交際費、接待費及び福利厚生費とされるべきものを除く。次項において同じ。）をした場合における当該金銭の額若しくは金銭以外の資産のその贈与の時における価額又は当該経済的な利益のその供与の時における価額によるものとする。
> 8～12　（略）

　子会社等を整理する場合の損失負担等により供与する経済的利益の額は、寄附金の額に該当するか。
　また、該当する場合、具体的にどのようなものが該当するか。

4.2 検 討

4.2.1 法人税基本通達の定め

法人税基本通達9−4−1は、次のとおり定めています。

法人税基本通達
(子会社等を整理する場合の損失負担等)

9−4−1　法人がその子会社等の解散、経営権の譲渡等に伴い当該子会社等の
ために債務の引受けその他の損失負担又は債権放棄等（以下9−4−1におい
て「**損失負担等**」という。）をした場合において、その損失負担等をしなけれ
ば今後より大きな損失を蒙ることになることが社会通念上明らかであると認
められるためやむを得ずその損失負担等をするに至った等そのことについて
相当な理由があると認められるときは、その損失負担等により供与する経済
的利益の額は、寄附金の額に該当しないものとする。

（注）　子会社等には、当該法人と資本関係を有する者のほか、取引関係、人
的関係、資金関係等において事業関連性を有する者が含まれる（以下9−
4−2において同じ。）。

この通達によれば、子会社等を整理する場合の損失負担等により供与する経
済的利益の額は、一定の要件の下、寄附金の額に該当しないものとして取り扱
われます。

では、この取扱いを法人税法から読み取ることはできるでしょうか。

4.2.2 法人税法の規定

法人税法37条7項は、

- 寄附金の額は、<u>資産又は経済的な利益の贈与又は無償の供与</u>（・・・）を
した場合における、当該資産又は経済的な利益のその時における価額によ
る

と規定しています。

そして、法人税法37条7項は、かっこ書で、上記の下線部の「資産又は経済

的な利益の贈与又は無償の供与」から、

- 広告宣伝及び見本品の費用その他これらに類する費用並びに交際費、接待費及び福利厚生費とされるべきもの

を除いています。

　そうすると、**図表2**のとおり、法人税法上、寄附金の額から除かれるのは、「広告宣伝及び見本品の費用その他これらに類する費用並びに交際費、接待費及び福利厚生費とされるべきもの」に限られるように読めます。

図表2

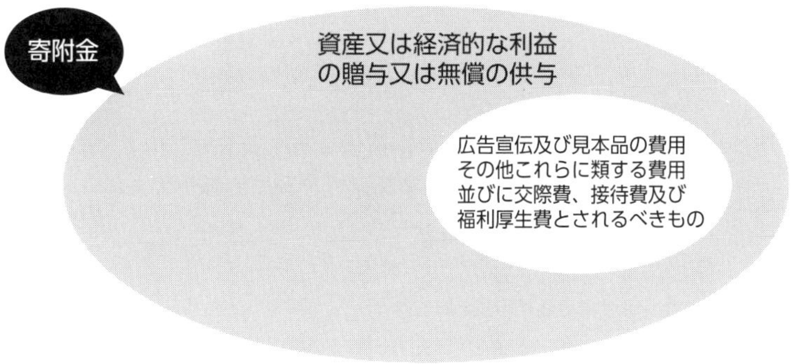

寄附金

資産又は経済的な利益
の贈与又は無償の供与

広告宣伝及び見本品の費用
その他これらに類する費用
並びに交際費、接待費及び
福利厚生費とされるべきもの

4.2.3　裁判例

⑴　寄附金に該当するもの

　東京地裁平成29年判決は、寄附金の損金算入限度額の制度の趣旨について、次のとおり判示しています。

東京地裁平成29年1月19日判決

⑺　・・・法人税法が一定額を超える寄附金を損金の額に算入しない旨の制度（損金算入限度額の制度）を採用しているのは、法人が支出した寄附金の全額を金額の制限なく損金の額に算入するとすれば、国の財政収入の確保を阻害し、課税の公平を害することとなる一方で、法人が支出する寄附金の中には法人の収益を生み出すのに必要な費用としての性質を有するものもあるところ、寄附金は反対給付がない上、個々の寄附金の支出が当該法人の事業に直

接関連があるものであるか否かが明確ではなく、これを区別することが困難
であることを踏まえ、統一的な損金算入限度額を設け、その範囲に限り寄附
金の損金算入を認めることとしたものと解される。

　この判示によると、**図表2**の網掛け部分（寄附金に該当するもの）につい
て、**図表3**のとおり加筆することができます。

図表3

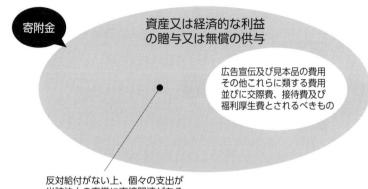

　また、東京地裁平成29年判決は、上記判示に続けて、債権放棄により供与す
る経済的利益の寄附金該当性について、次のとおり判示しています。

東京地裁平成29年1月19日判決
　・・・法人がする債権放棄についても、対価的意義を有する反対給付を受
けることなく一方的に債務者に経済的利益を与えるものであることからすれ
ば、原則として、その放棄に係る債権額は寄附金として扱われるべきもので
あって、損金算入限度額を超える部分の金額が課税の対象となるものといえ
る。

　この判示によると、債権放棄の額は、原則として、寄附金の額として扱われ
るべきものになります。

⑵　寄附金から除かれるもの

　東京地裁平成29年判決は、法人税法37条 7 項かっこ書で「除く」こととされている「広告宣伝及び見本品の費用・・・」について、次のとおり判示しています。

東京地裁平成29年 1 月19日判決

（イ）　もっとも、法人税法37条 7 項は、資産又は経済的な利益の贈与又は無償の供与であっても、「広告宣伝及び見本品の費用その他これらに類する費用並びに交際費、接待費及び福利厚生費とされるべきもの」については寄附金から除く旨を定めているところ、これは、上記に掲げられた費用が、その費用としての性質が明白であり明確に区別し得るものであるため、その全額を寄附金に当たらないものとして損金の額に算入することとしたものと解される。

　この判示によると、**図表 3** の白抜き部分（寄附金から除かれるもの）について、**図表 4** のとおり加筆することができます。

図表 4

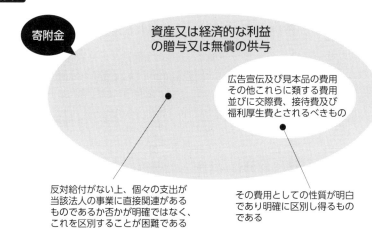

　そして、寄附金から除かれるものが、「広告宣伝及び見本品の費用・・・」に限られるか否かについて、東京地裁平成29年判決は、次のとおり判示しています。

> **東京地裁平成29年1月19日判決**
>
> 　そうすると、このような法人税法37条7項の規定の趣旨に照らせば、資産又は経済的な利益の贈与又は無償の供与に当たるものであっても、その費用としての性質が明白であり明確に区別し得るものであれば、同項にいう寄附金に当たらないものとして、同条1項所定の損金算入限度額を超えてその全額を損金の額に算入することも許容されるものと解することができる。
>
> 　そして、上記(ア)のとおり、法人税法37条1項が、統一的な損金算入限度額の制度を設け、寄附金について原則として画一的な処理をすることとしている趣旨に鑑みれば、経済的な利益の無償の供与等について、上記(ア)の例外としてその性質が寄附金に当たらないことを理由にその全額の損金算入を認めることができるのは、それが客観的にみて法人の収益を生み出すのに必要な費用又は法人がより大きな損失を被ることを避けるために必要な費用であって、その費用としての性質が明白であり明確に区別し得るものであると認められる場合に限られると解するのが相当である。

　この判示によると、法人税法37条7項の規定の趣旨に照らせば、「資産又は経済的な利益の贈与又は無償の供与」に当たるものであっても、その費用としての性質が明白であり明確に区別し得るものであれば、寄附金に該当しないと取り扱うことも許容されることになります。

　言い換えれば、法人税法37条7項かっこ書の「広告宣伝及び見本品の費用・・・」という文言に、必ずしも拘る必要はない、ということもできます（木山2020、pp. 222-224）。

　ただし、寄附金に該当しないと扱う（全額の損金算入を認める）ことができる場合については限定を付していて、

- 客観的にみて法人の収益を生み出すのに必要な費用又は法人がより大きな損失を被ることを避けるために必要な費用であって、その費用としての性質が明白であり明確に区別し得るものであると認められる場合に限られる

ことになります。

　以上の判示を前提として、**図表4**を修正すると、**図表5**のとおりです。

図表5

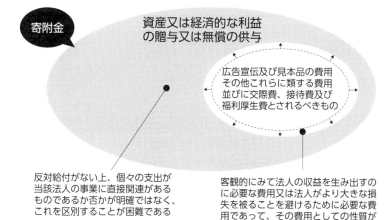

(3) 寄附金から除かれるもの

上記(1)・(2)を踏まえて、東京地裁平成29年判決は、子会社等を整理する場合の損失負担等が寄附金に該当するか否かについて、次のとおり判示しています。

> **東京地裁平成29年1月19日判決**
>
> ㈡ ・・・法人（債権者）と当該債権放棄の相手方（債務者）との間に資本関係、取引関係、人的関係、資金関係等において関連性が存する場合において、例えば業績不振の子会社等の解散又はその経営権の譲渡等に際して当該子会社等の従業員に退職金を支給するためには親会社の当該子会社に対する債権につき債権放棄等をしなければ親会社において当該従業員の再雇用等を余儀なくされるなど、当該債権放棄に経済的合理性の観点から特段の必要性があるときは、当該債権放棄により消滅した債権額は、一般に、客観的にみて法人の収益を生み出すのに必要な費用又は法人がより大きな損失を被ることを避けるために必要な費用であって、その費用としての性質が明白であり明確に区別し得るものに当たると認められるものと解され、これに当たらないと認めるべき個別的な事情のない限り、その損金算入を認めることができるものと解される。

　また、東京地裁平成29年判決は、法人税基本通達9-4-1の定めの相当性について、次のとおり判示しています。

東京地裁平成29年1月19日判決

　　<u>基本通達9-4-1</u>は、法人がその子会社等に対して債権放棄等をした場合において、その債権放棄等をしなければ今後より大きな損失を被ることになることが社会通念上明らかであると認められるためやむを得ずその債権放棄等をするに至ったなど、そのことについて相当な理由があると認められるときは、その債権放棄等により供与する経済的利益の額は、寄附金の額に該当しないものとする旨を定めているところ、この定めは、<u>債権放棄等に経済的合理性の観点から特段の必要性があるか否かを判断する基準として相当なものであるということができる</u>。そして、上記(イ)のとおり、債権放棄の額が寄附金の額に当たらないと認められるのが、法人税法の定める寄附金の損金算入限度額の制度の下での例外的な取扱いであることに鑑みると、法人の子会社等に対する債権放棄について、経済的合理性の観点から特段の必要性があるか否かを基準として上記の定めにいうやむを得ずこれをするに至ったなどの相当な理由があるか否かを判断するに当たっては、証拠に基づいて認められる客観的な事実に即して判断すべきであり、当該法人の主観的な動機や目的のみによってこれを判断するのは相当ではないというべきである。

　このように、東京地裁平成29年判決は、法人税法の規定から、法人税基本通達9-4-1と同趣旨の結論を導き出すとともに、同通達の定めは相当であると述べています。

　⑷　**小　括**

　子会社等を整理する場合の損失負担等は、そのことについて相当な理由があると認められるときは、その損失負担等により供与する経済的利益の額は、寄附金の額に該当しないものとされます。

4.3　結　論

　法人税基本通達9-4-1の定めるところにより、寄附金該当性を判断すべき

と考えられます。

🔍 クローズアップ

　東京地裁平成29年判決は、親会社が子会社 2 社に対して有する債権を放棄した事案で、その放棄された債権の額を損金算入できるか否かについて、次のとおり結論付けました。

(1)　貸倒損失に該当するものとして、法人税法22条 3 項 3 号を適用して損金の額に算入することはできない。

(2)　寄附金の額に該当しないものとして、法人税法37条 1 項を適用して損金の額に算入することもできない。

　このうち、上記(2)の理由付けにおいて、東京地裁平成29年判決は、通達の〝見出し〟にも着目しています。

　以下、東京地裁平成29年判決の解説記事を引用します。

> **判例タイムズ　1465号**
>
> 「ア　基本通達 9 − 4 − 1 （子会社を整理する場合の損失負担等）の適用の可否については、被告が、同通達は、法人がその子会社等につき経営権を事実上移譲して当該子会社の経営から撤退する場合に限り適用対象となると主張したのに対し、本判決は、同通達の見出しが『子会社等を整理する場合の無利息貸付け等』とされ、同通達の本文にもそのような限定は付されていないなどとして、その主張を排斥した。
>
> 　（略）
>
> イ　次に、基本通達 9 − 4 − 2 （子会社等を再建する場合の無利息貸付け等）の適用の可否について、本判決は、同通達の見出しが『子会社等を再建する場合の無利息貸付け等』とされ、その内容も専ら子会社等の「再建」の場合が対象とされていること等から、本件子会社 2 社の解散後に行われた本件債権放棄については、既に本件子会社 2 社が解散により整理されている以上、専ら基本通達 9 − 4 − 1 がその適用対象となるものと解するのが相当であり、子会社等を再建する場合に関する基本通達 9 −

> 4-2はその適用対象とならないと判示し、同通達の適用を否定した」
> （下線引用者）（匿名記事2019、p. 153）

　なお、東京地裁平成29年判決は、「本件子会社2社の売上高や売上総利益及び借入金の額の推移のほか、当該借入金の全部又は大半に係る債権者が原告等であったこと、原告の企業グループの財務改善計画による収益の改善等の見通しやこれに伴う本件子会社2社からの債権回収の可能性等の客観的な事実関係に照らし、本件債権放棄は、その当時の状況の下で経済的合理性の観点から特段の必要性があったとは認め難い」として、法人税基本通達9-4-1の適用を否定しています。

5　財産評価基本通達（参考）

　本セクションでは、財産評価基本通達（以下「**評価通達**」といいます）6項に関する最高裁令和4年判決を取り上げます。

　同判決は、相続税の課税価格に算入される不動産の価額（**図表6の①**）を評価通達の定める方法により評価した価額（**図表6の②**）を上回る価額によるものとすることが、租税法上の一般原則としての平等原則に違反しないとしたもので、その概要は、以下のとおりです。

図表6

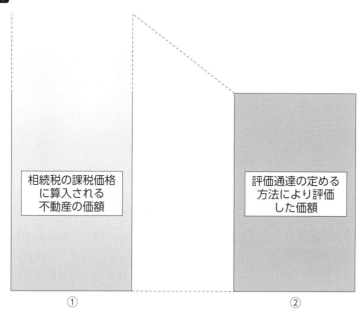

5.1　事案の概要

(1)　甲（以下「**被相続人**」という）は、平成24年6月某日に死亡し、乙らがその財産を相続により取得した（以下、この相続を「**本件相続**」という）。

(2)　乙らは、相続財産である不動産の一部（以下「**本件各不動産**」という）について、評価通達の定める方法により価額を評価して、相続税の申告をした（以下、乙らによる評価額（**図表7の①**）を「**本件各通達評価額**」という）。

(3)　所轄税務署長は、本件各不動産の価額は、評価通達の定めによって評価することが著しく不適当と認められるから、別途実施した鑑定による評価額をもって評価すべきであるとして、更正処分等をした（以下、所轄税務署長による評価額（**図表7の②**）を「**本件各鑑定評価額**」という）。

(4)　乙らは、国を相手に、更正処分等の取消しを求めて訴訟を提起した。

(5)　本件各不動産が、甲の相続財産に含まれるに至った経緯等は、次のとお

りである。

① 甲は、信託銀行から計10億800万円を借り入れるなどした上、本件各不動産を代金計13億8,700万円で購入した（以下、本件各不動産の購入及びその購入資金の借入れを「**本件購入・借入れ**」という）。

② 本件購入・借入れが行われなければ、本件相続に係る課税価格の合計額は、6億円を超えるものであった。

　しかし、本件購入・借入れが行われたことにより、本件各不動産の価額を評価通達の定める方法により評価すると、相続税の総額が0円になる。

③ 甲及び乙らは、本件購入・借入れが、近い将来発生することが予想される甲からの相続において、乙らの相続税の負担を減免させるものであることを知り、かつ、これを期待して、あえて本件購入・借入れを企画して実行した。

④ 上記(3)の更正処分等において、課税価格に算入された鑑定評価額は、本件各不動産の客観的な交換価値としての時価であると認められる（**図表7**の③）。

図表7

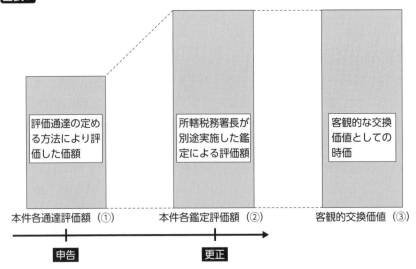

5.2 関係法令等

⑴ 相続税法

相続税法22条は、次のとおり規定しています。

相続税法
（評価の原則）
第22条 この章で特別の定めのあるものを除くほか、相続、遺贈又は贈与により取得した財産の価額は、当該財産の取得の時における時価により、当該財産の価額から控除すべき債務の金額は、その時の現況による。

この規定は、時価主義の原則を定めるもので、この規定を受けて、評価通達において、各財産の評価方法に共通する原則や各種の財産の評価単位ごとの評価の方法が具体的に定められています（宇野沢2020、pp.2-4）。

⑵ 評価通達

評価通達1の⑵は、次のとおり定めています。

評価通達
（評価の原則）
1 財産の評価については、次による。
 ⑴ （略）
 ⑵ 時価の意義
　　 財産の価額は、時価によるものとし、時価とは、課税時期（相続、遺贈若しくは贈与により財産を取得した日若しくは相続税法の規定により相続、遺贈若しくは贈与により取得したものとみなされた財産のその取得の日又は地価税法第2条《定義》第4号に規定する課税時期をいう。以下同じ。）において、それぞれの財産の現況に応じ、不特定多数の当事者間で自由な取引が行われる場合に通常成立すると認められる価額をいい、その価額は、この通達の定めによって評価した価額による。
 ⑶ （略）

この通達の要旨は、次のとおりです。

● 財産の価額は、「時価」によるものとする。
● 「時価」とは、課税時期（相続等により財産を取得した日等）において、それぞれの財産の現況に応じ、不特定多数の当事者間で自由な取引が行われる場合に通常成立すると認められる価額をいう。
● その価額は、評価通達の定めによって評価した価額による。

また、評価通達6は、次のとおり定めています。

評価通達
（この通達の定めにより難い場合の評価）
6　この通達の定めによって評価することが著しく不適当と認められる財産の価額は、国税庁長官の指示を受けて評価する。

この通達の趣旨については、『財産評価基本通達逐条解説』（大蔵財務協会）6項の解説部分において、次のとおり解説されています。

財産評価基本通達逐条解説
　「評価基本通達に定める評価方法を画一的に適用した場合には、適正な時価評価が求められず、その評価額が不適切なものとなり、著しく課税の公平を欠く場合も生じることが考えられる。
　このため、本項では、そのような場合には個々の財産の態様に応じた適正な時価評価が行えるよう定めている。
　（注）　所得税及び法人税の基本通達においても、『この通達の具体的な適用に当たっては、法令の規定の趣旨、制度の背景のみならず条理、社会通念をも勘案しつつ、個々の具体的事案に妥当する処理を図るよう努められたい。』とされている」（宇野沢2020、pp. 28-29）

5.3　争　点

　相続税の課税価格に算入される不動産の価額を、評価通達の定める方法により評価した価額を上回る価額によるものとすることの適否。

5.4　裁判所の判断

　最高裁令和4年判決は、次のとおり判示しています。

最高裁令和4年4月19日判決

4(1)　・・・■評価通達は、上記の意味における時価の評価方法を定めたものであるが、上級行政機関が下級行政機関の職務権限の行使を指揮するために発した通達にすぎず、これが国民に対し直接の法的効力を有するというべき根拠は見当たらない。そうすると、相続税の課税価格に算入される財産の価額は、当該財産の取得の時における客観的な交換価値としての時価を上回らない限り、〔相続税法22〕条に違反するものではなく、このことは、当該価額が評価通達の定める方法により評価した価額を上回るか否かによって左右されないというべきである。

　　そうであるところ、■本件各更正処分に係る課税価格に算入された本件各鑑定評価額は、本件各不動産の客観的な交換価値としての時価であると認められるというのであるから、これが本件各通達評価額を上回るからといって、相続税法22条に違反するものということはできない。

(2)ア　他方、■租税法上の一般原則としての平等原則は、租税法の適用に関し、同様の状況にあるものは同様に取り扱われることを要求するものと解される。そして、評価通達は相続財産の価額の評価の一般的な方法を定めたものであり、課税庁がこれに従って画一的に評価を行っていることは公知の事実であるから、課税庁が、特定の者の相続財産の価額についてのみ評価通達の定める方法により評価した価額を上回る価額によるものとすることは、たとえ当該価額が客観的な交換価値としての時価を上回らないとしても、合理的な理由がない限り、上記の平等原則に違反するものとして違法というべきである。もっとも、上記に述べたところに照らせば、相続税の課税価格に算入される財産の価額について、評価通達の定める方法による画一的な評価を行うことが実質的な租税負担の

公平に反するというべき事情がある場合には、合理的な理由があると認められるから、当該財産の価額を評価通達の定める方法により評価した価額を上回る価額によるものとすることが上記の平等原則に違反するものではないと解するのが相当である。

イ　これを本件各不動産についてみると、**4**本件各通達評価額と本件各鑑定評価額との間には大きなかい離があるということができるものの、このことをもって上記事情があるということはできない。

もっとも、本件購入・借入れが行われなければ本件相続に係る課税価格の合計額は6億円を超えるものであったにもかかわらず、これが行われたことにより、本件各不動産の価額を評価通達の定める方法により評価すると、課税価格の合計額は2,826万1,000円にとどまり、基礎控除の結果、相続税の総額が0円になるというのであるから、上告人ら〔乙ら〕の相続税の負担は著しく軽減されることになるというべきである。そして、被相続人〔甲〕及び上告人ら〔乙ら〕は、本件購入・借入れが近い将来発生することが予想される被相続人〔甲〕からの相続において上告人ら〔乙ら〕の相続税の負担を減じ又は免れさせるものであることを知り、かつ、これを期待して、あえて本件購入・借入れを企画して実行したというのであるから、租税負担の軽減をも意図してこれを行ったものといえる。そうすると、本件各不動産の価額について評価通達の定める方法による画一的な評価を行うことは、本件購入・借入れのような行為をせず、又はすることのできない他の納税者と上告人ら〔乙ら〕との間に看過し難い不均衡を生じさせ、実質的な租税負担の公平に反するというべきであるから、上記事情があるものということができる。

ウ　したがって、**5**本件各不動産の価額を評価通達の定める方法により評価した価額を上回る価額によるものとすることが上記の平等原則に違反するということはできない。

5　以上によれば、**6**本件各更正処分において、○○○税務署長が本件相続に係る相続税の課税価格に算入される本件各不動産の価額を本件各鑑定評価額に基づき評価したことは、適法というべきである。所論の点に関する原審の判断は、以上の趣旨をいうものとして是認することができる。論旨は採用することができない。

判決文の**1**～**6**のポイントは、それぞれ次のとおりです。

1：評価通達は、上級官庁が、下級官庁の権限の行使を指揮するために発した通達にすぎず、国民に対し直接の法的効力を有する根拠はない。

⬇　そうすると

相続税の課税価格に算入される財産の価額は、当該財産の取得の時における客観的な交換価値としての時価を上回らない限り、相続税法22条に違反するものではない。

⬇　換言すると

当該価額が、評価通達による評価額を上回っても、相続税法22条に違反するものではない。

2：本件各鑑定評価額（**図表7**の②）は、客観的な交換価値としての時価であると認められるのであるから、これが本件各通達評価額（同①）を上回るからといって、相続税法22条に違反するとはいえない。

3：租税法上の一般原則としての**平等原則**は、租税法の適用に関し、同様の状況にあるものは同様に取り扱われることを要求する。

⬇　そして

課税庁が、特定の者の相続財産の価額についてのみ評価通達による評価額を上回る価額によることは、合理的な理由がない限り、**平等原則**に違反するものとして違法である。

⬇　もっとも

<u>評価通達の定める方法による画一的な評価を行うことが実質的な租税負担の公平に反するというべき事情</u>がある場合には、相続財産の価額を評価通達による評価額を上回る価額によるものとしても、**平等原則**に違反するものではない。

4：本件各通達評価額と本件各鑑定評価額との間には大きなかい離があるが、このことをもって、上記**3**の下線部の事情があるとはいえない。

⬇　もっとも

次のことからすると、上記**3**の下線部の事情があるものといえる。

> ⑴　本件購入・借入れが行われたことにより、乙らの相続税の負担は著しく軽減されること

> (2)　甲及び乙らは、租税負担の軽減をも意図して本件購入・借入れを行ったものといえること
> (3)　本件各不動産の価額について評価通達の定める方法による画一的な評価を行うことは、本件購入・借入れのような行為をせず、又はすることのできない他の納税者と乙らとの間に看過し難い不均衡を生じさせ、実質的な租税負担の公平に反すること

5：本件各不動産の価額を評価通達による評価額を上回る価額によるものとすることが、**平等原則**に違反するということはできない。

6：更正処分等において、所轄税務署長が本件各不動産の価額を本件各鑑定評価額（**図表7**の②）に基づき評価したことは、適法である。

　このように、最高裁令和4年判決は、評価通達は、国民に対し直接の法的効力を有するものではないが（上記**1**）、特定の者の相続財産についてのみ、評価通達による評価額を上回る価額をもって評価することは、合理的な理由がない限り、平等原則に違反し、違法である（上記**3**）とした上で、甲及び乙らについては、租税負担の軽減をも意図して、不動産の購入とその購入資金の借入れをしたものであり、当該不動産について、評価通達の定める方法による画一的な評価を行うと、かえって実質的な租税負担の公平に反するから（上記**4**）、当該不動産の価額を、評価通達による評価額を上回る価額によったとしても、平等原則に違反しない（上記**5**）、としたものです。

6　エピローグ

学生　**【事例1】**の最高裁平成16年判決は、通達の字句に拘り過ぎず、その事案に妥当する処理が図られた、というように感じました。

教授　この判決によって、通達は改正されませんでしたが、現行の通達でも、「条理、社会通念をも勘案」して運用すれば、この判決と同様の結論を導くことも不可能ではないでしょうね。

学生　**【事例2】**の東京地裁平成29年判決は、法人税基本通達9-4-1を

「当てはめ」で使う前に、その相当性を検証しています。納税者としてもこのような手順を踏むべきでしょうか。

教授　裁判所や審判所は、通達に拘束されないので、通達の相当性を検証するのが一般的ですね。納税者としては、通常、このような手順を踏む必要はありませんが、他方で、「通達だけで答えを出す」というのは、本来あるべき姿ではありません。通達だけで答えが出るように思えても、念のため、法令の文理や趣旨を確認されてはいかがでしょうか。そのほうが、通達の理解も深まると思います。

参考文献等

平成10年裁決：国税不服審判所裁決平成10年6月5日審判所 HP 参照

最高裁平成16年判決：最判平成16年12月24日裁判所 HP 参照（平成14年（行ヒ）147号）

東京地裁平成29年判決：東京地判平成29年1月19日（D1-Law.com 判例体系／判例 ID 28253217）

最高裁令和4年判決：最判令和4年4月19日裁判所 HP 参照（令和2年（行ヒ）283号）

阪本2007：坂本勝「判解」最判解民事篇平成16年度（下）pp. 833-853（2007）

匿名記事2019：匿名記事「判批」判タ1465号 pp. 151-176（2019）

宇野沢2020：宇野沢貴司『財産評価基本通達逐条解説（令和2年版）』大蔵財務協会（2020）

木山2020：木山泰嗣『入門　課税要件論』中央経済社（2020）

審判所2020：国税不服審判所「国税不服審判所の50年」（2020）

審判所2021：国税不服審判所「審判所ってどんなところ？　国税不服審判所の扱う審査請求のあらまし」（2021）

髙橋2021：髙橋正朗『法人税基本通達逐条解説 【十訂版】』税務研究会出版局（2021）

第10講
私法上の法形式と
税法上の法的評価

1　プロローグ

教授　内国法人が、債務超過の赤字会社の増資を引き受け、新株を取得し
　　たとします。増資後も債務超過が解消しなかったとすると、新株に付
　　すべき取得価額は、いくらになるでしょうか。

学生　「債務超過が解消しなかった」ということですから、感覚的には、
　　新株の取得価額は零で、払込金額は、寄附金になるように思います。

教授　法人税法施行令には、金銭の払込みにより取得をした有価証券の取
　　得価額は、その払込みをした金銭の額とする、という規定がありま
　　す。これを踏まえると、どうなりますか。

学生　その規定の文理に従うと、払込金額をもって取得価額とせざるを得
　　ないように思います。会社法上、適法な払込みであれば、法人税法も
　　これに従わざるを得ないはずだからです。でも、感覚としては、やは
　　り寄附金ではないでしょうか。

教授　その感覚は大事かもしれません。債務超過の赤字会社の増資払込み
　　に関する裁判例がありますので、確認してみましょう。

2 債務超過の赤字会社に対する増資新株の払込み

2.1 事 例

【事 例】

　後記(4)の「本件株式」の取得価額は、いくらになるか。

　なお、後記(1)～(7)は、時系列に記載したものである。

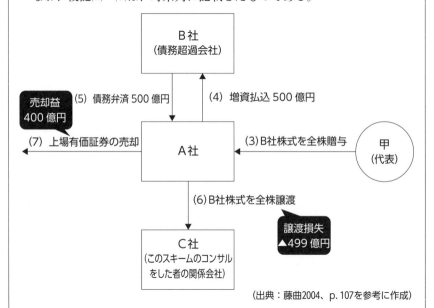

（出典：藤曲2004、p. 107を参考に作成）

(1)　A社の代表取締役である甲は、B社の発行済株式総数45万株の全て
　　を保有していた。

(2)　B社は、株式会社であり、債務超過の状態にあった。

(3)　A社は、甲から、B社株式45万株を無償で譲り受けた。これによ
　　り、B社はA社の100％子会社となった。

(4)　B社は、株式5万株（以下「**本件株式**」という）の新株発行を行い、
　　A社は、1株当たり100万円、総額500億円でこれを全て引き受け、同
　　金額を払い込んだ（以下「**本件増資払込み**」といい、これに係る増資

払込金を「**本件増資払込金**」という）。

　　ただし、これによっても、B社の債務超過は解消しなかった。

(5)　B社は、本件増資払込金の全額をA社に対する債務の弁済に充てた。

(6)　A社は、C社に対し、上記(3)のB社株式45万株及び上記(4)のB社株式5万株の合計50万株を、1株当たり300円で売却し、譲渡損失▲499億円を計上した。

(7)　A社は、上記(6)と同じ事業年度において、その保有する上場有価証券の売却を行い、売却益400億円を計上したが、上記(6)の譲渡損失との通算により、当該事業年度の納税額は生じなかった。

■関係法令

法人税法施行令
（有価証券の取得価額）
第119条　内国法人が有価証券の取得をした場合には、その取得価額は、次の各号に掲げる有価証券の区分に応じ当該各号に定める金額とする。
　一　購入した有価証券（法第61条の4第3項（有価証券の空売り等に係る利益相当額又は損失相当額の益金又は損金算入等）又は第61条の5第3項（デリバティブ取引に係る利益相当額又は損失相当額の益金又は損金算入等）の規定の適用があるものを除く。）
　　その購入の代価（購入手数料その他その有価証券の購入のために要した費用がある場合には、その費用の額を加算した金額）
　二　金銭の払込み又は金銭以外の資産の給付により取得をした有価証券（第4号又は第20号に掲げる有価証券に該当するもの及び適格現物出資により取得をしたものを除く。）
　　その払込みをした金銭の額及び給付をした金銭以外の資産の価額の合計額（新株予約権の行使により取得をした有価証券にあっては当該新株予約権の当該行使の直前の帳簿価額を含み、その払込み又は給付による取得のために要した費用がある場合にはその費用の額を加算した金額とする。）
　三　株式等無償交付（法人がその株主等に対して新たに金銭の払込み又は金銭以外の資産の給付をさせないで当該法人の株式（出資を含

む。以下第9号までにおいて同じ。）又は新株予約権を交付すること
をいう。次号において同じ。）により取得をした株式又は新株予約権
（同号に掲げる有価証券に該当するもの及び新株予約権付社債に付さ
れた新株予約権を除く。）
　　　零
　四　有価証券と引換えに払込みをした金銭の額及び給付をした金銭以
　　外の資産の価額の合計額が払い込むべき金銭の額又は給付すべき金
　　銭以外の資産の価額を定める時におけるその有価証券の取得のため
　　に通常要する価額に比して有利な金額である場合における当該払込
　　み又は当該給付（以下この号において「払込み等」という。）により
　　取得をした有価証券（新たな払込み等をせずに取得をした有価証券
　　を含むものとし、法人の株主等が当該株主等として金銭その他の資
　　産の払込み等又は株式等無償交付により取得をした当該法人の株式
　　又は新株予約権（当該法人の他の株主等に損害を及ぼすおそれがな
　　いと認められる場合における当該株式又は新株予約権に限る。）、第
　　20号に掲げる有価証券に該当するもの及び適格現物出資により取得
　　をしたものを除く。）
　　　その取得の時におけるその有価証券の取得のために通常要する価
　　額
　五～二十六　（略）
　二十七　前各号に掲げる有価証券以外の有価証券
　　　その取得の時におけるその有価証券の取得のために通常要する価
　　額
　2・3　（略）

2.2　検　討

2.2.1　Ａ社の取得したＢ社株式は、法令119①何号に該当するか

　法人税法施行令119条1項は、有価証券の取得事由ごとに、有価証券の取得
価額の計算方法を規定しています。
　【事例】のＡ社が取得したＢ社株式が、法人税法施行令119条1項に掲げる
取得事由のどれに該当するかを検討すると、**図表1**のとおりです。

図表1

	有価証券の取得事由		A社が取得したB社株式
①	購入した有価証券（1号）	（注1）	該当しない （理由）購入によるものではない
②	金銭の払込み又は現物出資財産の給付により取得をした有価証券（2号）	（注2）	一義的には該当する。ただし、高額引受けの場合も、②に該当するかは、要検討
③	株式等無償交付により取得した株式又は新株予約権（3号）	（注3）	該当しない （理由）株式等無償交付によるものではない
④	XがYに比して有利な金額である場合におけるその払込み又はその給付により取得をした有価証券（4号）	（注4）	該当しない （理由）Xは500億円、Yは零であり、「XがYに比して有利な金額である場合」に該当しない
	X	有価証券と引換えに払込みをした金銭の額及び給付をした現物出資財産の価額の合計額	
	Y	払い込むべき金銭の額又は給付すべき現物出資財産の価額を定める時におけるその有価証券の取得のために通常要する価額	
⑤	組織再編成や取得請求権付株式に係る請求権の行使などにより交付を受けた有価証券（5〜26号）		該当しない （理由）組織再編成や取得請求権付株式に係る請求権の行使などによるものではない
⑥	①〜⑤以外の有価証券（27号）		②に該当する場合、⑥に該当しない。②に該当しない場合、⑥に該当する可能性あり

（注1） 次に掲げるものを除く。
　　　・法法61の4③（有価証券の空売り等に係る利益相当額又は損失相当額の益金又は損金算入等）の規定の適用があるもの
　　　・法法61の5③（デリバティブ取引に係る利益相当額又は損失相当額の益金又は損金算入等）の規定の適用があるもの
（注2） 次に掲げるものを除く。
　　　・上記④に該当するもの

・法令119①二十に掲げる有価証券（新株予約権付社債についての社債に係る新株予約権の行使による当該社債の取得の対価として交付を受けた当該取得をする法人の株式）に該当するもの
・適格現物出資により取得をしたもの
(注３)　次に掲げるものを除く。
・上記④に該当するもの
・新株予約権付社債に付された新株予約権
(注４)　新たな払込み等をせずに取得をした有価証券を含み、次に掲げるものを除く。
・法人の株主等が当該株主等として金銭その他の資産の払込み等又は株式等無償交付により取得をした当該法人の株式又は新株予約権（当該法人の他の株主等に損害を及ぼすおそれがないと認められる場合における当該株式又は新株予約権に限る）
・法令119①二十に掲げる有価証券（新株予約権付社債についての社債に係る新株予約権の行使による当該社債の取得の対価として交付を受けた当該取得をする法人の株式）に該当するもの
・適格現物出資により取得をしたもの

図表１によると、Ｂ社株式は、**図表１**の②又は⑥の取得事由のいずれかに該当すると考えられます（いずれに該当するかの判断は、いったん保留します）。

2.2.2　Ｂ社株式の取得価額は、いくらになるか

法人税法施行令119条１項によると、**図表１**の②又は⑥の取得事由により取得した有価証券の取得価額の計算方法は、**図表２**のとおりです。

図表２

	有価証券の取得事由	取得価額の計算方法
②	金銭の払込み又は現物出資財産の給付により取得をした有価証券（２号）	払込金額及び現物出資財産の価額の合計額（注）
⑥	①〜⑤以外の有価証券（27号）	その取得の時におけるその取得のために通常要する価額

(注)　新株予約権の行使により取得をした有価証券にあっては当該新株予約権の当該行使の直前の帳簿価額を含み、その払込み又は給付による取得のために要した費用がある場合にはその費用の額を加算した金額

ここで、**図表２**の計算方法によって計算したＢ社株式の取得価額を**図表２**に書き込むと、**図表３**のとおりです。

図表3

	有価証券の取得事由	取得価額の計算方法
②	金銭の払込み又は現物出資財産の給付により取得をした有価証券（2号）	払込金額及び現物出資財産の価額の合計額（注） ⇒ *B社株式の取得価額：* *払込価額である500億円*
⑥	①～⑤以外の有価証券（27号）	その取得の時におけるその取得のために通常要する価額 ⇒ *B社株式の取得価額：* *時価である零*

（注） 新株予約権の行使により取得をした有価証券にあっては当該新株予約権の当該行使の直前の帳簿価額を含み、その払込み又は給付による取得のために要した費用がある場合にはその費用の額を加算した金額

2.2.3 B社株式は、法令119①二又は六のいずれに該当するか

　図表3のとおり、B社株式が、**図表3**の②と⑥のいずれに該当するかによって、取得価額が異なることとなるので、いずれに該当するかを検討します。

　この点について、福井地裁平成13年判決は、【事　例】と同様の事案で、次のとおり判示しています。

> **福井地裁平成13年1月17日判決**
> 　本件増資払込みによる現実の出捐があったとしても、法37条の解釈、適用上、本件増資払込金の中に寄附金に当たる部分がある場合には、当該部分は法人税法上の評価としては「払い込んだ金額」（法人税法施行令38条1項1号[※1]）に当たらないと解される。本件増資払込金は本件株式を取得するための増資払込金としての外形を有するものであるが、後記のとおり、それが実質上寄附金と判断される以上、原告の行った取引の外形に法人税法上の法的評価が拘束される理由はないから、法人税法上これを「払い込んだ金額」として、本件株式の取得価額に当たると解さなければならないものではない。また、法37条は同

※1 旧法人税法施行令38条においては、〈1〉払込みにより取得した有価証券については払込価額、〈2〉購入した有価証券については購入対価の額に購入手数料その他の取得に要した費用の額を加算した金額、〈3〉合併又は現物出資により取得した有価証券についてはその受入価額、〈4〉その他の方法により取得した有価証券についてはその取得のために通常要する価額によるとされていました。

法22条 3 項にいう「別段の定め」に当たるから、商法や企業会計原則上の取扱いにかかわらず適用されるものである。

この判示のポイントは、次のとおりです。

● 会社法や会計基準の取扱いにおいて、「払込み」とされるものであっても、法人税法上は、これに拘束されるものではない。
● 払込金額の中に寄附金に当たる部分がある場合には、当該部分は、法人税法上の評価としては「払い込んだ金額」に当たらない。

すなわち、福井地裁平成13年判決の判示によると、【事 例】のＢ社株式の取扱いは、次のとおりとなります。

● 会社法上の評価として、一義的には、**図表 3** の②の「金銭の払込み・・・により取得をした有価証券」に当たる。
● ただし、払込金額の中に寄附金に当たる部分がある場合には、当該部分は、法人税法上の評価としては、「払い込んだ金額」に当たらない。

2.2.4　Ｂ社株式の取得価額はいくらか

以上を踏まえると、Ｂ社株式の取得価額は、具体的にいくらになるでしょうか。
この点について、福井地裁平成13年判決は、【事 例】と同様の事案で、次のとおり判示しています。

福井地裁平成13年 1 月17日判決
　本件増資払込み及びその前後に行われたこれと関連する原告ら○○○○○グループの取引内容によれば、本件増資払込みは、後に原告が○○○○○に上場株式を売却することによって生ずる有価証券売却益に見合う株式譲渡損を発生させ、右有価証券売却益に対する法人税の課税を回避することを目的としたものであることは明らかであり、本件株式を額面金額かつ発行価額である 1 株当たり50円を超える額で引き受けて払い込んだことに、経済取引として十分に首肯し得る合理性は認められないというべきである。

（略）

　したがって、本件増資払込金のうち1株50円を超える部分については、対価がなく、「資産又は経済的利益の無償の供与」として、法37条の寄附金に当たるというべきである。

この判示のポイントは、次のとおりです。

● 本件増資払込みは、後に生ずる有価証券売却益に見合う株式譲渡損を発生させ、有価証券売却益に対する法人税の課税を回避することを目的としたものであることは明らかであり、本件株式を1株当たり50円（額面価額）を超える額で引き受けて払い込んだことに、経済合理性は認められない
● 本件増資払込金のうち1株50円を超える部分については、「資産又は経済的利益の無償の供与」として、法人税法37条の寄附金に当たる

　すなわち、福井地裁平成13年判決の判示によると[2]、A社の払込金額500億円の全額が寄附金に当たり、B社株式の取得価額は、零とするのが妥当と考えられます[3]。

クローズアップ

　『法人税基本通達逐条解説』（税務研究会出版局）9−1−12の解説部分において、次のとおり解説されています。

法人税基本通達逐条解説
　債務超過の赤字会社に対する増資新株の払込みについては、通常の経済取引からすれば、そのような増資払込みには応じないということであ

---

[2] 福井地裁平成13年判決は、増資払込みの目的が、上場株式の売却益に対する課税の回避にあったと認定していますが、【事例】についても、同様の認定がされるものと仮定します。
[3] 福井地裁平成13年判決は、当時の商法の規定に照らして、1株当たり50円（額面金額）までは、寄附金に当たらないと判断していますが、【事例】については、額面株式の廃止に伴い、寄附金に当たらない部分はないものとしています。

ろう。そして、増資後も債務超過の状態が解消しないような増資払込みについては、その赤字会社に対する一種の贈与（寄附金）であるという考え方がある。

　しかし、債務超過の赤字会社に対する増資払込みについては、例えば親会社が子会社等の再建を支援する等やむを得ない事情からこれを行うことがあり得るし、会社法上適法な増資払込みを税務上は一種の贈与（寄附金）とする考え方は法律論として採り得ないであろう。

　（略）

　そこで、本通達においては、債務超過の赤字会社に対する増資払込みについては、贈与（寄附金）とせず一般的な増資払込みとして認めることとするが、増資払込みをする以上は、当面その業績の回復を期待するものであろうから、一種の形式基準として増資払込直後における株式の評価減は認めないことが明らかにされている（髙橋2021、pp. 843-844）

　この解説によると、法人税基本通達9-1-12が、債務超過の赤字会社に対する増資払込みについて、贈与（寄附金）とせず一般的な増資払込みとして認めることとした主な理由は、次のとおりです。

(1)　債務超過の赤字会社に対する増資払込みについては、例えば、親会社が子会社等の再建を支援する等やむを得ない事情からこれを行うことがあり得ること。

(2)　会社法上適法な増資払込みを税務上は一種の贈与（寄附金）とする考え方は法律論として採り得ないこと。

　この点、福井地裁平成13年判決は、上記(2)と異なる考え方を採っている点で、批判もあるところです（藤曲2004、p. 108）。

　しかし、上記判決は、増資払込みについて、「法人税の課税を回避することを目的としたものであることは明らかであり・・・経済取引として十分に首肯し得る合理性は認められないというべきである」と評価しています。

　また、法人税基本通達9-1-12の新設（昭和54年）の経緯は、次のとお

りであり、それ以前は、赤字子会社に対する増資払込みは、贈与であるというのが、課税庁側の考えでした。

　その意味では、上記判決は、当該事案の特殊な状況を背景として、〝原点回帰した〟という見方もできるかもしれません。

法人税通達逐条解説 Digital

　「赤字の子会社に対する親会社の増資払込みの取扱いについては、これを一種の贈与にほかならないとする考え方と、贈与ではないとしても企業支配の対価として評価減をさせないという考え方とが主として税務当局側から主張されていたのであるが、ひるがえって考えるに、親会社が赤字の子会社に対して増資払込みをすることについてはその事情においてやむを得ないものがある場合が多々あることが考えられるし、法律論の上からも単純にこれを贈与ときめつけて否認することは困難であろうと思われる。

　（略）

　そこで本通達においては、まず赤字の子会社に対する増資払込みということも十分あり得るという前提に立って、その上でこれについて評価減との関連をどうするかということを考えたものである」（第一法規「法人税通達逐条解説 Digital」）

2.3　結 論

　B 社株式の取得価額は、零とするのが妥当と考えられます（福井地裁平成13年判決）。

3　エピローグ

学生　会社法上は、適法な増資払込みであっても、税法上は、寄附金とされることがある、ということですか。

教授　そうですね。福井地裁平成13年判決は、「課税を回避することを目

的としたものであることは明らか」とまで述べています。法人税基本
通達9−1−12が、債務超過の赤字会社に対する増資払込みについて、
贈与（寄附金）としていないからといって、福井地裁平成13年判決の
ような事案についてまで、同通達の適用がある、とは必ずしもいえな
いのではないでしょうか。

学生　では、株式を発行した法人にとっては、受贈益を認識する、という
ことになりますか。

教授　一般的には、株式を発行した法人にとって、新株の発行は、法人税
法22条5項にいう「資本等取引」に該当します。したがって、その法
人の資本金等の額が払込金額だけ増加するのみで、課税関係は生じな
いと考えるべきでしょう[4]。

参考文献等

福井地裁平成13年判決：福井地判平成13年1月17日（D1-Law.com 判例体系／判例 ID 28060933）

藤曲2004：藤曲武美「寄附金課税をめぐる最近の裁判例について」『租税研究』661 号 pp. 100–110（2004）

髙橋2021：髙橋正朗『法人税基本通達逐条解説【十訂版】』税務研究会出版局（2021）

---

[4]　福井地裁平成13年判決参照。有利発行については、岡村忠生ほか「有利発行課税の構造と問題」『新しい法人税法』有斐閣 pp. 255（2007）参照。

第11講
課税要件
チェックリスト

1 プロローグ

教授 法的三段論法の手順をご説明いただけますか。

学生 はい。まず、法令解釈を行って課税要件を確定する。次に、証拠から事実を認定する。最後に、当てはめ、つまり、認定した事実が課税要件に該当するか否かを判断する、という手順です。

教授 そうですね。ただ、この順序でスムーズに進むわけではなく、認定した事実を課税要件に当てはめようと思ったら、課税要件の理解が不十分であった、ということは往々にしてあります。そのような場合には、課税要件を見直さなければなりません。

学生 当てはめの段階で、認定事実に照らして法令解釈を見直す、ということですか。

教授 そうです。そのようにして、法令解釈が深まっていくともいえます。様々な事例を題材に、重加算税の賦課要件を検討してみましょう。

2 重加算税の賦課要件

国税通則法68条は、次のとおり規定しています。

国税通則法

（重加算税）

第68条 ❶第65条第１項（過少申告加算税）の規定に該当する場合（修正申告書
の提出が、その申告に係る国税についての調査があったことにより当該国税
について更正があるべきことを予知してされたものでない場合を除く。）にお
いて、❷納税者が❸その国税の課税標準等又は税額等の計算の基礎となるべき
事実の全部又は一部を隠蔽し、又は仮装し、❹その隠蔽し、又は仮装したとこ
ろに基づき納税申告書を提出していたときは、当該納税者に対し、政令で定
めるところにより、過少申告加算税の額の計算の基礎となるべき税額（その
税額の計算の基礎となるべき事実で隠蔽し、又は仮装されていないものに基
づくことが明らかであるものがあるときは、当該隠蔽し、又は仮装されてい
ない事実に基づく税額として政令で定めるところにより計算した金額を控除
した税額）に係る過少申告加算税に代え、当該基礎となるべき税額に100分の
35の割合を乗じて計算した金額に相当する重加算税を課する。

2　第66条第１項（無申告加算税）の規定に該当する場合（同項ただし書若し
くは同条第７項の規定の適用がある場合又は納税申告書の提出が、その申告
に係る国税についての調査があったことにより当該国税について更正又は決
定があるべきことを予知してされたものでない場合を除く。）において、納税
者がその国税の課税標準等又は税額等の計算の基礎となるべき事実の全部又
は一部を隠蔽し、又は仮装し、その隠蔽し、又は仮装したところに基づき法
定申告期限までに納税申告書を提出せず、又は法定申告期限後に納税申告書
を提出していたときは、当該納税者に対し、政令で定めるところにより、無
申告加算税の額の計算の基礎となるべき税額（その税額の計算の基礎となる
べき事実で隠蔽し、又は仮装されていないものに基づくことが明らかである
ものがあるときは、当該隠蔽し、又は仮装されていない事実に基づく税額と
して政令で定めるところにより計算した金額を控除した税額）に係る無申告
加算税に代え、当該基礎となるべき税額に100分の40の割合を乗じて計算した
金額に相当する重加算税を課する。

3・4　（略）

　この規定のうち、1項が、過少申告事案における重加算税、2項が、無申告事案における重加算税です。

　このうち、1項の要件は、次の4点に分けることができます。

1：国税通則法65条1項（過少申告加算税）の規定に該当する場合（自発的修正申告の場合を除く）において、

2：納税者が

3：その国税の課税標準等又は税額等の計算の基礎となるべき事実の全部又は一部を隠蔽し、又は仮装し、

4：その隠蔽し、又は仮装したところに基づき納税申告書を提出していたとき

　すなわち、過少申告事案において、重加算税が賦課されるか否かは、上記**1**〜**4**の要件に事実関係を当てはめて、それぞれ「該当」「非該当」を判断すればよいことになります。

　この作業をチェックリスト化すると、**図表1**のとおりです。

図表1

重加算税の賦課要件		事実関係	当てはめ
1	通法65①の規定に該当する場合（自発的修正申告の場合を除く）において、		
2	納税者が		
3	その国税の課税標準等又は税額等の計算の基礎となるべき事実の全部又は一部を隠蔽し、又は仮装し、		
4	その隠蔽し、又は仮装したところに基づき納税申告書を提出していたとき		

3　第三者による隠ぺい仮装行為（基礎編）

3.1　事 例

【事例1】
　甲と乙（甲の子）は、A社に対し、両名が共有する土地（以下「**本件土地**」という）を1億9,000万円で譲渡した。

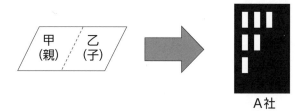

　にもかかわらず、甲は、「甲及び乙は、A社に対し、本件土地を7,000万円で譲渡した」旨を記載した虚偽の売買契約書を作成し、これに基づき、所得税の確定申告をした。

　その後、甲及び乙は、税務調査を受け、調査担当職員の指導に基づき、真実の売買契約書に基づき、修正申告をした。

　乙に対して、重加算税を賦課することはできるか。

　なお、乙は、当時、学生であって、本件土地の売買と確定申告については、すべて甲に任せていた。

3.2　検 討

　乙について、【事例1】の事実関係が、重加算税の賦課要件に該当するか否かを検討すると、一見、**図表2**のとおりになるようにも思えます。

図表2（暫定版）

	重加算税の賦課要件	【事例1】の事実関係	当てはめ
1	通法65①の規定に該当する場合（自発的修正申告の場合を除く）において、	調査担当職員の指導に基づき、真実の売買契約書に基づき、修正申告をした	該　当
2	納税者が	乙ではない（甲である）	非該当
3	その国税の課税標準等又は税額等の計算の基礎となるべき事実の全部又は一部を隠蔽し、又は仮装し、	虚偽の売買契約書を作成した	該　当
4	その隠蔽し、又は仮装したところに基づき納税申告書を提出していたとき	虚偽の売買契約書に基づき確定申告書を提出した	該　当

　上記**2**を「非該当」としたのは、国税通則法68条1項の主語は「納税者」であるところ、乙自身は、虚偽の売買契約書の作成に直接関与していないと考えたからです。

　しかし、この考えは誤りです。

　この点について、大阪地裁平成元年判決は、【事例1】と同様の事案で、次のとおり判示しています。

大阪地裁平成元年11月14日判決

　原告ら〔注＝父・子〕が、昭和○年○月○日に、○○に対して本件土地及び建物を7,000万円で譲渡した旨の・・・契約書が、そのような売買契約の成立を仮装するために作成された虚偽の契約書であることは前記三において認定説示したとおりであり、原告○〔注＝父〕が自らこれを作成したことは、前記三に認定した事実関係に徴し明らかである。

　また・・・原告○〔注＝子〕は、本件土地及び建物の売買契約及び昭和○年分の確定申告当時、東京在住の学生であって、本件土地及び建物の売買及び昭和○年分の確定申告については、すべて原告○〔注＝父〕に任せていたことが認められ、このような事情に照らせば、重加算税制度上は、原告○〔注＝子〕もその確定申告を代行した原告○〔注＝父〕を介して、前記認定のごとき虚偽の売買契約の成立を仮装し、その仮装したところに基づいて確定申告をしたもの

> と評価することができ、この認定を左右するに足りる証拠はない。

この判示のポイントは、次のとおりです。

- 虚偽の契約書を作成したのは、父である。
- 子は、土地・建物の売買及び確定申告については、すべて父に任せていた。
- このような事情に照らせば、重加算税制度上は、子も父を介して、虚偽の売買契約の成立を仮装し、その仮装したところに基づいて確定申告をしたものと評価することができる。

これを踏まえて、**図表2**を修正すると、次のとおりです。

図表2（修正版）

	重加算税の賦課要件	【事例1】の事実関係	当てはめ
1	通法65①の規定に該当する場合（自発的修正申告の場合を除く）において、	調査担当職員の指導に基づき、真実の売買契約書に基づき、修正申告をした	該　当
2	納税者が	（甲を介して）乙が ~~乙ではない（甲である）~~	該　当 非該当
3	その国税の課税標準等又は税額等の計算の基礎となるべき事実の全部又は一部を隠蔽し、又は仮装し、	虚偽の売買契約書を作成した	該　当
4	その隠蔽し、又は仮装したところに基づき納税申告書を提出していたとき	虚偽の売買契約書に基づき確定申告書を提出した	該　当

以上によれば、乙に対して、重加算税を賦課することはできると考えられます。

3.3　結　論

乙に対して、重加算税を賦課することはできると考えられます（大阪地裁平成元年判決）。

4　第三者による隠ぺい仮装行為（応用編）

4.1　事 例

【事例2】

　B社の経理課長である丙は、意図的に製品の棚卸高を減額し、B社は、その減額されたところに基づき所得金額を申告した。

　棚卸高の減額は、丙が行ったものであり、B社の代表取締役その他の役員は全く関知していないし、過少申告の事実も認識していなかった。

　その後、B社は、税務調査を受け、調査担当職員の指導に基づき、実際の棚卸高に基づき、修正申告をした。

　B社に対して、重加算税を賦課することはできるか。

4.2　検 討

【事例2】の事実関係が、重加算税の賦課要件に該当するか否かを検討すると、一見、**図表3**のとおりになるようにも思えます。

図表3（暫定版）

	重加算税の賦課要件	【事例2】の事実関係	当てはめ
1	通法65①の規定に該当する場合（自発的修正申告の場合を除く）において、	調査担当職員の指導に基づき、実際の棚卸高に基づき、修正申告をした	該 当
2	納税者が	B社ではない（丙である）	非該当
3	その国税の課税標準等又は税額等の計算の基礎となるべき事実の全部又は一部を隠蔽し、又は仮装し、	意図的に棚卸高を減額した	該 当
4	その隠蔽し、又は仮装したところに基づき納税申告書を提出していたとき	棚卸高を減額したところに基づき確定申告書を提出した	該 当

　上記❷を「非該当」としたのは、国税通則法68条1項の主語は「納税者」であるところ、B社の役員らは、棚卸高の減額に直接関与しておらず、丙の不正行為も知らなかったと考えたからです。

　むしろ、B社の役員らは、あずかり知らぬところで不正が行われ、その結果、意図せず過少申告になったという意味では、〝被害者〟という評価もできるかもしれません。

　しかし、この考えは誤りです。

　この点について、平成7年裁決は、【事例2】と同様の事案で、次のとおり説示しています。

平成7年12月14日裁決

　重加算税制度の設けられた趣旨は、事実を隠ぺい又は仮装したところに基づく過少申告もしくは無申告に対して特別の経済的負担を課することによって、納税義務違反の発生を防止し、申告納税制度の信用を維持しようとするところにあるので、隠ぺい又は仮装の行為を役員等の行為に限定すべきではなく、従業員等の行為も重加算税の対象となり、役員等がその事実を知っているかどうかにかかわらず、重加算税が賦課されると解するのが相当である。

　（略）

　また、「隠ぺい又は仮装の行為」をした者に関しては、納税者本人の申告行為に重要な関係を有する部門（経理部門等）に所属し、相当な権限を有する地位（課長等）に就いている者の隠ぺい又は仮装の行為は、特段の事情がない限り、納税者本人の行為と同視すべきであると解するのが相当である。

　この説示のポイントは、次のとおりです。

- 従業員等の行為も重加算税の対象となり、役員等がその事実を知っているかどうかにかかわらず、重加算税が賦課されると解するのが相当である。
- 納税者本人の申告行為に重要な関係を有する部門（経理部門等）に所属し、相当な権限を有する地位（課長等）に就いている者の隠ぺい又は仮装の行為は、特段の事情がない限り、納税者本人の行為と同視すべきである。

これを踏まえて、**図表3**を修正すると、次のとおりです。

図表3（修正版）

	重加算税の賦課要件	【事例2】の事実関係	当てはめ
1	通法65①の規定に該当する場合（自発的修正申告の場合を除く）において、	調査担当職員の指導に基づき、実際の棚卸高に基づき、修正申告をした	該　当
2	納税者が	（B社と同視し得る）丙が ~~B社ではない（丙である）~~	該　当 非該当
3	その国税の課税標準等又は税額等の計算の基礎となるべき事実の全部又は一部を隠蔽し、又は仮装し、	意図的に棚卸高を減額した	該　当
4	その隠蔽し、又は仮装したところに基づき納税申告書を提出していたとき	棚卸高を減額したところに基づき確定申告書を提出した	該　当

　以上によれば、B社に対して、重加算税を賦課することはできると考えられます。

4.3　結　論

　B社に対して、重加算税を賦課することはできると考えられます（平成7年裁決）。

🔍クローズアップ

　品川芳宣名誉教授は、従業員の不正行為を会社の行為と同視することの適否について、次のとおり述べておられます。

> **附帯税の事例研究　第4版**
> 　「納税者の簿外財産等を蓄積するために売上金額を除外して仮名預金を設けたり、納税者の利益調節のために棚卸資産を仮装して簿外棚卸資産を作出するような行為については、それほど権限を有していない従業

員の行為についても納税者本人の行為と同視すべき事態も起こり得るで
あろう。しかしながら、<u>その行為者自身の利益のために横領した金員の
発覚を防ぐために費目を仮装する行為・・・については、それほど権限
を有していない従業員の場合には納税者本人の行為と同視することは酷
であろう</u>」（下線引用者）（品川2012、p. 337）

　上記の下線部のような事情の下、従業員の不正行為を会社の行為と同視
することは相当ではないとされた事例として、平成23年裁決があります。

平成23年7月6日裁決（要旨）

　原処分庁は、請求人の使用人が行った詐取行為における隠ぺい、仮装
行為については、①当該使用人は勤務する工場の所属課において仕入先
から発行される納品伝票の事務処理を事実上一任され、その事務処理を
チェックする者が他におらず、当該使用人の指示に基づき仕入先から発
行された虚偽の納品伝票の処理が請求人の会計処理として反映される状
況にあったこと、②当該工場において、取引先から取引実体のない納品
伝票を発行させるなど不適切な経理処理が慣行的に行われており、当該
使用人による事務処理を請求人自身による処理としてみなさざるを得な
い状況にあったものといえることから、当該使用人の隠ぺい、仮装行為
は請求人の隠ぺい、仮装行為と同視することができる旨主張する。

　しかしながら、①<u>当該使用人は、当該工場の所属課に配属されて以
後、退社するまで同課において職制上の重要な地位に従事したことがな
かったこと及び請求人の経理帳簿の作成等に携わる職務に従事したこと
もなかったこと等から単に資材の調達業務を分担する一使用人であった
と認められること</u>、②<u>当該詐取行為は、当該使用人の私的費用を請求人
から詐取するために同人が独断で取引先に依頼して行ったものであるこ
と</u>を総合考慮すると、請求人が取引内容の管理を怠り、請求人から隠ぺ
い仮装するための当該使用人の仮装行為を発見できなかったことをもっ
て、仮装行為を請求人自身の行為と同視することは相当ではない。

5　隠ぺい仮装した事実は何か

5.1　事　例

【事例3】

　C社は、×1年4月25日、アドバイザリー会社との間で、アドバイザリー契約を締結し、同日、契約書に調印を行った。

　この契約書は、事後的に作成・調印を行ったものであり、アドバイザリー業務の役務提供完了日は×1年4月25日であった。

　にもかかわらず、C社は、契約締結日を×1年3月1日にバックデートして契約書に記載し、アドバイザリー報酬の額に係る消費税額を×1年3月期の控除対象仕入税額に含めた。

　その後、C社は、税務調査を受け、調査担当職員の指導に基づき、実際の役務提供完了日に基づき、修正申告をした。

　C社に対して、重加算税を賦課することはできるか。

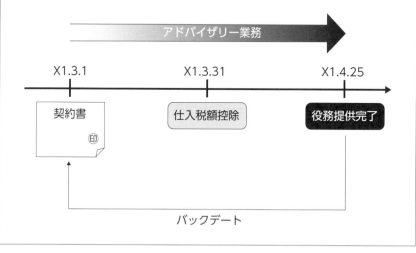

5.2 検 討

　【事例3】の事実関係が、重加算税の賦課要件に該当するか否かを検討すると、一見、**図表4**のとおりになるようにも思えます。

図表4（暫定版）

	重加算税の賦課要件	【事例3】の事実関係	当てはめ
1	通法65①の規定に該当する場合（自発的修正申告の場合を除く）において、	調査担当職員の指導に基づき、実際の役務提供完了日に基づき、修正申告をした	該　当
2	納税者が	C社が	該　当
3	その国税の課税標準等又は税額等の計算の基礎となるべき事実の全部又は一部を隠蔽し、又は仮装し、	アドバイザリー業務の役務提供完了日が契約締結日である×1年4月25日であるにもかかわらず、契約締結日を×1年3月1日にバックデートした	該　当
4	その隠蔽し、又は仮装したところに基づき納税申告書を提出していたとき	契約締結日をバックデートした契約書に基づいてアドバイザリー報酬の額に係る消費税額を×1年3月期の控除対象仕入税額に含めた	該　当

　上記**3**を「該当」としたのは、契約書に日付をバックデートして記載する行為が、国税通則法68条1項にいう「隠ぺい仮装行為」に該当すると考えたからです。

　しかし、この考えは誤りです。

　なぜなら、上記**3**は、単に「事実・・・を隠蔽し、又は仮装し」としているのではなく、「課税標準等又は税額等の計算の基礎となるべき事実・・・を隠蔽し、又は仮装し」としているからです。

　具体的には、平成16年裁決は、【事例3】と同様の事案で、次のとおり説示しています。

平成16年5月19日裁決
ホ　確かに、本件の場合、本件契約書の真実の契約締結日については、請求

　人及び原処分庁の双方に争いはなく、また・・・H次長及びKの答述など
　からしても本件契約書の真実の契約締結日が平成14年11月25日であると認
　められることから、本件契約書に同年10月1日と記載されていることは、
　原処分庁の主張するとおり、真実の契約締結日が記載されているとは言え
　ない。
ヘ　しかしながら、本件アドバイザリー業務に係る課税仕入れの時期につい
　ては、上記ハのとおり、役務提供の全部を完了した日であると解すること
　が相当であるところ、本件アドバイザリー業務に係る役務提供の完了日に
　ついては・・・本件契約書では、2005（平成17）年11月末日までとされ、
　原処分庁は・・・役務提供の完了日を平成14年11月25日としているから、
　いずれにしても、本件課税期間においては、役務提供の全部が完了してい
　ないことについて、請求人及び原処分庁は争わず、当審判所においても相
　当であると認められ、本件課税期間の課税仕入れに該当しないことは明ら
　かであるから、本件契約書の契約締結日が真実の契約締結日と異なってい
　たとしても・・・本件契約書の契約締結日が課税仕入れの時期の判定要素
　となるものではないから、役務提供の真実の完了日を仮装したことにはな
　らない。

この説示のポイントは、次のとおりです。

- 確かに、契約書に真実の契約締結日が記載されているとはいえない。
- しかし、アドバイザリー業務に係る課税仕入れの時期は、役務提供の全部
  を完了した日である。
- すなわち、契約書の契約締結日が課税仕入れの時期の判定要素となるもの
  ではない。
- したがって、契約書の契約締結日が真実の契約締結日と異なっていたとし
  ても、「課税標準等又は税額等の計算の基礎となるべき事実」を仮装した
  ことにはならない。

これを踏まえて、**図表4**を修正すると、次のとおりです。

図表 4（修正版）

重加算税の賦課要件		【事例3】の事実関係	当てはめ
1	通法65①の規定に該当する場合（自発的修正申告の場合を除く）において、	調査担当職員の指導に基づき、実際の役務提供完了日に基づき、修正申告をした	該　当
2	納税者が	C 社が	該　当
3	その国税の課税標準等又は税額等の計算の基礎となるべき事実の全部又は一部を隠蔽し、又は仮装し、	アドバイザリー業務の役務提供完了日が契約締結日である×1年4月25日であるにもかかわらず、契約締結日を×1年3月1日にバックデートしたが、契約書の契約締結日は課税仕入れの時期の判定要素となるものではない	非該当 ~~該　当~~
4	その隠蔽し、又は仮装したところに基づき納税申告書を提出していたとき	~~契約締結日をバックデートした~~契約書に基づいてアドバイザリー報酬の額に係る消費税額を×1年3月期の控除対象仕入税額に含めたが、それは隠ぺい仮装したところに基づくものではない	非該当 ~~該　当~~

　以上によれば、C 社に対して、重加算税を賦課することはできないと考えられます。

5.3　結　論

　C 社に対して、重加算税を賦課することはできないと考えられます（平成16年裁決）。

6　積極的な隠ぺい仮装行為が存在しない場合

6.1　事　例

【事例 4 】

　丁は、×１年分～×３年分の所得税について、確定申告をしたが、株式の売買による所得（以下「**本件所得**」という）を申告すべきであるのに、これを申告書に全く記載しなかった。

　丁は、顧問税理士や証券会社の担当者から注意を受けていたので、本件所得を申告すべきことを十分に知っており、また、本件所得の額について、×１年が約3,000万円、×２年が約１億円、×３年が約１億円と認識していた。

　しかし、丁は、本件所得を申告し、納税するつもりがなく、その計算すらしていなかった。

　そして、丁は、×１年分～×３年分の確定申告書の作成を顧問税理士に依頼した際に、その都度、同税理士から、本件所得についても申告が必要であると何度も念を押され、資料の提示を求められたにもかかわらず、同税理士に対し、課税要件を満たす所得はない旨を答え、他の所得に関する資料を交付しながら、株式の売買に関する資料を全く示さなかった。

　丁は、東京国税局から査察を受け、本件所得を加算して、修正申告書を提出した。

　丁に対して、重加算税を賦課することはできるか。

　なお、丁は、株式の売買について、取引の名義を架空にしたり、その資金の出納のために隠れた預金口座を設けたりするようなことはしなかった。

6.2　検　討

　【事例4】の事実関係が、重加算税の賦課要件に該当するか否かを検討すると、一見、**図表5**のとおりになるようにも思えます。

図表5（暫定版）

	重加算税の賦課要件	【事例4】の事実関係	当てはめ
1	通法65①の規定に該当する場合（自発的修正申告の場合を除く）において、	東京国税局から査察を受け、株式の売買による所得を加算して、修正申告書を提出した	該　当
2	納税者が	丁が	該　当
3	その国税の課税標準等又は税額等の計算の基礎となるべき事実の全部又は一部を隠蔽し、又は仮装し、	3年にわたり、株式の売買による多額の所得を申告すべきことを熟知しながら、顧問税理士の質問に対して株式の売買による所得のあることを否定し、	非該当
4	その隠蔽し、又は仮装したところに基づき納税申告書を提出していたとき	同税理士に過少な申告を記載した確定申告書を作成させてこれを提出した	非該当

　上記**3**・**4**を「非該当」としたのは、次のような理由からです。

- 上記**3**は「隠蔽し、又は仮装し」とし、上記**4**は「その隠蔽し、又は仮装したところに基づき納税申告書を提出していたとき」としている。
- したがって、過少申告行為そのものとは別に、隠ぺい仮装行為が存在することが必要と解される。
- 丁は、顧問税理士に多額の所得のあることを秘匿し、過少申告をさせたが、取引名義を架空にしたり、隠れた預金口座を設けたりするような、積極的な不正行為はしなかった。
- すなわち、過少申告行為は存在するが、これとは別に、隠ぺい仮装行為と評価できるような行為は存在しない。

　しかし、この考えは誤りです。

　この点について、最高裁平成7年判決は、【**事例4**】と同様の事案で、次のとおり判示しています。

最高裁平成7年4月28日判決

　三　（略）

　したがって、重加算税を課するためには、納税者のした過少申告行為そのものが隠ぺい、仮装に当たるというだけでは足りず、過少申告行為そのものとは別に、隠ぺい、仮装と評価すべき行為が存在し、これに合わせた過少申告がされたことを要するものである。しかし、右の重加算税制度の趣旨にかんがみれば、架空名義の利用や資料の隠匿等の積極的な行為が存在したことまで必要であると解するのは相当でなく、納税者が、<u>当初から所得を過少に申告することを意図し、その意図を外部からもうかがい得る特段の行動</u>をした上、その意図に基づく過少申告をしたような場合には、重加算税の右賦課要件が満たされるものと解すべきである。

　四　これを本件について見ると、上告人は、昭和60年から62年までの3箇年にわたって、被上告人に所得税の確定申告をするに当たり、株式等の売買による前記多額の雑所得を申告すべきことを熟知しながら、あえて申告書にこれを全く記載しなかったのみならず、右各年分の確定申告書の作成を顧問税理士に依頼した際に、同税理士から、その都度、同売買による所得の有無について質問を受け、資料の提出も求められたにもかかわらず、確定的な脱税の意思に基づいて、右所得のあることを同税理士に対して秘匿し、何らの資料も提供することなく、同税理士に過少な申告を記載した確定申告書を作成させ、これを被上告人に提出したというのである。もとより、税理士は、納税者の求めに応じて税務代理、税務書類の作成等の事務を行うことを業とするものであるから（税理士法2条）、税理士に対する所得の秘匿等の行為を税務官公署に対するそれと同視することはできないが、他面、税理士は、税務に関する専門家として、独立した公正な立場において納税義務の適正な実現を図ることを使命とするものであり（同法1条）、納税者が課税標準等の計算の基礎となるべき事実を隠ぺいし、又は仮装していることを知ったときは、その是正をするよう助言する義務を負うものであって（同法41条の3）、右事務を行うについて納税者の家族や使用人のようにその単なる履行補助者の立場にとどまるものではない。

　右によれば、上告人は、<u>当初から所得を過少に申告することを意図した上、その意図を外部からもうかがい得る特段の行動</u>をしたものであるから、その意図に基づいて上告人のした本件の過少申告行為は、国税通則法68条1項所定の

> 重加算税の賦課要件を満たすものというべきである。

この判示のポイントは、次のとおりです。

- 重加算税を課するためには、架空名義の利用や資料の隠匿等の積極的な行為が存在したことまで必要であると解するのは相当でない。
- 納税者が、<u>当初から所得を過少に申告することを意図し、その意図を外部からもうかがい得る特段の行動をした上</u>、その意図に基づく過少申告をしたような場合には、重加算税の賦課要件が満たされる。
- 上告人（納税者）は、3年にわたり、株式の売買による多額の所得を申告すべきことを熟知しながら、確定的な脱税の意思に基づき、顧問税理士の質問に対して株式の売買による所得のあることを否定し、同税理士に過少な申告を記載した確定申告書を作成させてこれを提出した。
- 税理士は、独立した公正な立場において納税義務の適正な実現を図ることを使命とするものであり、税理士に対する所得の秘匿は、重加算税の賦課要件に関して無価値なものであるとは到底いえない（近藤1998、p. 484）。
- 上告人（納税者）は、<u>当初から所得を過少に申告することを意図した上、その意図を外部からもうかがい得る特段の行動をした</u>ものであるから、その意図に基づいてした過少申告行為は、重加算税の賦課要件を満たす。

これを踏まえて、**図表5**を修正すると、次のとおりです。

図表5（修正版）

	重加算税の賦課要件	【事例4】の事実関係	当てはめ
1	通法65①の規定に該当する場合（自発的修正申告の場合を除く）において、	東京国税局から査察を受け、株式の売買による所得を加算して、修正申告書を提出した	該　当
2	納税者が	丁が	該　当

3	その国税の課税標準等又は税額等の計算の基礎となるべき事実の全部又は一部を隠蔽し、又は仮装し、 （当初から所得を過少に申告することを意図し、その意図を外部からもうかがい得る特段の行動をした上、）	3年にわたり、株式の売買による多額の所得を申告すべきことを熟知しながら、顧問税理士の質問に対して株式の売買による所得のあることを否定し、 （確定的な脱税の意思に基づき顧問税理士に株式等の売買による多額の雑所得のあることを秘匿し、）	該 当 非該当
4	その隠蔽し、又は仮装したところに基づき納税申告書を提出していたとき （その意図に基づく過少申告をしたような場合）	同税理士に過少な申告を記載した確定申告書を作成させてこれを提出した （その意図に基づいて過少申告行為をした）	該 当 非該当

　以上によれば、丁に対して、重加算税を賦課することはできると考えられます。

6.3　結　論

　丁に対して、重加算税を賦課することはできると考えられます（最高裁平成7年判決）。

7　調査時の虚偽答弁

7.1　事　例

【事例5】
　戊は、いわゆるサラリーマン大家である。
　戊は、×1年、外国為替証拠金取引（FX取引）を開始し、差金決済による差益が多額に生じた。

　戊は、株式売買の場合は、特定口座内における譲渡益については申告不要を選択できることを知っていたことから、FX取引に係る所得についても、申告不要であると思い込んでいた。

　戊は、×1年分の所得税の確定申告をしたが、FX取引に係る所得金額を含めなかった。

　その後、戊は、税務調査を受けることとなり、FX取引先の案内を見直していたところ、FX取引に係る所得についても、申告が必要であったことに気付いた。

　戊は、臨場調査の際、調査担当職員から、×1年分の所得税の確定申告書を見ながら、「これ以外に所得はないですか」と尋ねられた。

　戊は、FX取引のことが頭に浮かんだが、つい魔が差して、「ありません」と答えた。

　これに対し、調査担当職員から、「本当にこれ以外に所得はないですか」と再度尋ねられたので、戊は、差益が多額に生じていることを自白し、自らFX取引先の「取引残高報告書」を調査担当職員に提出した。

　その後、戊は、調査担当職員から、修正申告を行う必要がある旨の説明を受けたので、これに応じた。

　戊に対して、重加算税を賦課することはできるか。

　なお、確定申告の前後を通じて、架空名義の利用や資料の隠匿などの積極的な行為は存在しなかった。

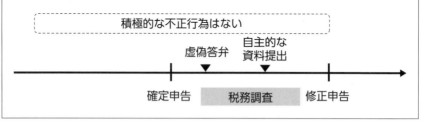

7.2　検　討

　【事例5】の事実関係が、重加算税の賦課要件に該当するか否かを検討すると、**図表6**のとおりです。

図表6

重加算税の賦課要件		【事例5】の事実関係	当てはめ
1	通法65①の規定に該当する場合（自発的修正申告の場合を除く）において、	調査担当職員の指導に基づき、FX取引に係る所得金額を含めて、修正申告をした	該　当
2	納税者が	戊が	該　当
3	その国税の課税標準等又は税額等の計算の基礎となるべき事実の全部又は一部を隠蔽し、又は仮装し、	申告漏れに気付きながら、調査担当職員に対し、「申告したもの以外にない」と答えた	該　当
4	その隠蔽し、又は仮装したところに基づき納税申告書を提出していたとき	FX取引に係る所得金額を含めないで申告し、その後の調査において、虚偽答弁を行った	非該当

上記**4**を「非該当」とした理由は、次のとおりです。

- 上記**4**は、「隠蔽し、又は仮装したところに基づき納税申告書を提出していたとき」としている。
- これを時系列で示すと、「隠蔽し、又は仮装した」➡「納税申告書を提出」となる。
- 【事例5】を時系列で示すと、「申告前に隠ぺい仮装行為なし」➡「故意によらない申告漏れ」➡「申告後に一度だけ虚偽答弁」➡「直ちに誤りを認め、積極的に資料提出」となる。
- 【事例5】は、「隠蔽し、又は仮装した」➡「納税申告書を提出」という時系列ではないので、「隠蔽し、又は仮装したところに基づき納税申告書を提出していたとき」という要件に該当しないと考えられる。

この考えは、一般的には誤りとはいえません。

ただし、事務運営指針は、次のとおり、調査時の虚偽答弁は、「その他の事実関係を総合的に判断して、申告時における隠蔽又は仮装が合理的に推認できる」場合に、隠ぺい仮装行為と取り扱われる旨定めています。

> **申告所得税及び復興特別所得税の重加算税の取扱いについて（事務運営指針）**
> **第1 賦課基準**
> **（隠蔽又は仮装に該当する場合）**
> 1 通則法第68条第1項又は第2項に規定する「国税の課税標準等又は税額等の計算の基礎となるべき事実の全部又は一部を隠蔽し、又は仮装し」とは、例えば、次に掲げるような事実（以下「**不正事実**」という。）がある場合をいう。
>   なお、隠蔽又は仮装の行為については、特段の事情がない限り、納税者本人が当該行為を行っている場合だけでなく、配偶者又はその他の親族等が当該行為を行っている場合であっても納税者本人が当該行為を行っているものとして取り扱う。
>   (1)〜(7)　（略）
>   (8) 調査等の際の具体的事実についての質問に対し、虚偽の答弁等 を行い、又は相手先をして 虚偽の答弁等 を行わせていること及びその他の事実関係を総合的に判断して、申告時における隠蔽又は仮装が合理的に推認できること。

　また、最高裁平成7年判決は、次のとおり判示しているところ、最高裁調査官は、同判決の解説において、調査時の虚偽答弁を、「当初から所得を過少に申告する・・・意図を外部からもうかがい得る特段の行動」の認定において考慮すべき事情の1つとして挙げています（近藤1998、p. 482）。

> **最高裁平成7年4月28日判決**
>   納税者が、当初から所得を過少に申告することを意図し、その意図を外部からもうかがい得る特段の行動をした上、その意図に基づく過少申告をしたような場合には、重加算税の右賦課要件が満たされるものと解すべきである。

　以上のとおり、戊が、調査官に対し、「（これ以外に所得は）ありません」と答えたことのみをもって、直ちに、戊に対して重加算税を賦課することができるものではありません※。

※ 戊は、虚偽答弁後は、調査に対して協力的な態度を示しており、このことは、納税義務違反の悪質さを減殺させる事情として考慮されるはずです。

　もっとも、【事例5】に記載のない事実関係を含めて総合的に判断した結果、「申告時における隠蔽又は仮装が合理的に推認できる」可能性や、「当初から所得を過少に申告する・・・意図を外部からもうかがい得る特段の行動」が認定される可能性は否定できないと考えられます。

7.3　結　論

　戊が、調査官に対し、「（これ以外に所得は）ありません」と答えたことのみをもって、直ちに、戊に対して重加算税を賦課することができるものではありません。

🔍クローズアップ

　国税通則法68条1項の「（隠蔽し、又は仮装したところに）基づき」という文言の解釈について、最高裁調査官は、次のとおり解説されています。

> 「隠ぺい等したところに『基づき』という文言の意味に関して・・・申告書の提出行為よりも先に隠ぺい等が存在し、その結果として申告がされるということが必要であるとする見解がある。確かに、それが一般的な事態ではあろうが、文言上、常にそうである必要があるとまではいえない。隠ぺい、仮装した結果として作出されることとなる事態を『基礎とした』、又は、これに『対応した』申告書が提出されていれば、両者が無関係とされるような事情がない限り、隠ぺい、仮装したところに『基づき』納税申告書を提出していたときに当たるということは可能であろう。そうすると、隠ぺい、仮装行為は、必ずしも申告書の提出に先立ってされていることまでは要せず、少なくとも、その一要素が申告書の提出と並行して同時にされる場合であってもよいものと考えられる」（川神1997、pp.598–599）

8　エピローグ

学生　重加算税の条文は、一見すると短くて、読みやすいと思っていまし
たが、奥が深いことが分かりました。

教授　そうですね。条文は短いのに、論点が多数あるものもあれば、条文
は長いけれど、表にまとめたり、算式で表現したりしてみると、それ
ほど難しくない、というものもあります。

学生　条文を読んでいるだけでは、論点に気付くのは難しいように感じま
した。

教授　条文を繰り返し、丁寧に読むことで気付くことも出てくると思いま
す。また、具体的な事実関係に照らして条文を読み直してみると、よ
り多くのことに気付けると思います。有斐閣さんの『租税法判例六法』
など、条文ごとに裁判例が掲載されている書籍もありますので、活用
してみてください。

参考文献等

大阪地裁平成元年判決：大阪地判平成元年11月14日（D1-Law.com 判例体系／判例 ID
22004215）

最高裁平成 7 年判決：最判平成 7 年 4 月28日裁判所 HP 参照（平成 6 年（行ツ）215
号）

平成 7 年裁決：国税不服審判所裁決平成 7 年12月14日審判所 HP 参照

平成16年裁決：国税不服審判所裁決平成16年 5 月19日審判所 HP 参照

平成23年裁決：国税不服審判所裁決平成23年 7 月 6 日審判所 HP 参照

川神1997：川神裕「判解」最判解民事篇平成 6 年度 pp. 586-612（1997）

近藤1998：近藤崇晴「判解」最判解民事篇平成 7 年度（上）pp. 471-487（1998）

品川2012：品川芳宣『附帯税の事例研究〈第 4 版〉』財経詳報社（2012）

第12講
文献調査の落とし穴

1 プロローグ

教授 法令解釈のために、文献調査を行うこともあると思います。文献調査の際、気を付けていることはありますか。

学生 はい。文献にもいろいろあって、分かりやすさ重視のもの、実務家向けのもの、アカデミックなものなどがあるように思います。そこで、まず、目的に応じた文献を選択することが大切だと考えています。

教授 そうですね。では、「実務家向けのもの」は、具体的にはどのような場合に利用されるのですか。

学生 事例検討の際、『事例集』で類似のものがないか、探すことが多いです。『事例集』の中でも、国税職員やOB税理士の書かれたものは、事例が豊富で、信頼性も高いと思っています。

教授 確かに、『事例集』は、事例検討にとっての効率的・効果的なツールといえますが、類似事例を見つけて、よく考えずに飛びついてしまうと、ミスにつながることもあります。『事例集』を参照したのに過少申告になってしまったという実例を題材に、注意点などを検討してみましょう。

2 代表者が会社に対してした巨額の無利息貸付け

2.1 事 例

【事 例】

次の事実関係において、甲の申告が過少申告となったことについて、国
税通則法65条4項1号に規定する「正当な理由」は認められるか。

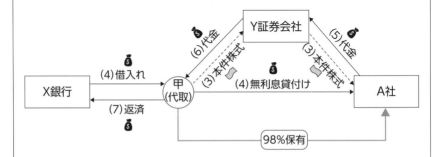

(1) A社は、同族会社であり、甲は、その株式の98%を有している。

(2) 甲は、A社が平成4年8月に解散するに至るまで、同社の代表取
締役であった。

(3) 甲は、平成元年3月10日、その有するB社の株式（以下「**本件株
式**」という）を、A社に対し、代金3,450億円で売却した。

なお、本件株式は、店頭売買登録銘柄であり、上記売却は、Y証券
会社を介した場外取引により行われた。

(4) 甲は、同月15日、X銀行から3,455億円を借り入れ、同額を、A社
に対して貸し付けた（以下「**本件貸付け**」という）。

なお、本件貸付けについて、甲は、返済期限及び利息を定めず、担
保を徴することもなかった。

(5) A社は、同日、Y証券会社に対し、本件株式の代金3,450億円を支
払った。

(6) Y証券会社は、同日、甲に対し、上記(5)の代金から手数料を控除し

た残額3,425億円を支払った。

⑺　甲は、同日、X銀行に対し、借入金3,455億円を弁済した。

⑻　以上の結果、本件貸付けが無利息、無期限のままの状態で残存する
こととなった。

⑼　A社は、収益のほとんどが本件株式の配当収入であり、実質的な
営業活動を行っていなかった。

⑽　国税局職員が編集・監修をした解説書には、次のような記述がある。

『昭和58年版・税務相談事例集』
東京国税局税務相談室長（編集）
● 設 例
　　会社が代表者から運転資金として無利息で金銭を借り受けた。
● 解 説
　　所得税法上、別段の定め（所得税法59条等）のあるものを除き、担
　税力の増加を伴わないものについては課税の対象とならない（所得税
　法36条1項参照）。したがって、代表者個人に所得税が課税されること
　はない。

『昭和59年版・回答事例による法人税質疑応答集』
東京国税局直税部長（監修）
東京国税局法人税課長（編集）
● 設 例
　　会社が業績悪化のため資金繰りに困って、代表者から運転資金とし
　て500万円を無利息で借り入れた。
● 解 説
　　所得税の課税の対象となる収入金額とは「収入すべき金額」（所得税

> 法36条1項）とされており、無利息で金銭の貸付けをした代表者は、経済的利益を受けていないから所得税の申告をする必要がない。

　（注）　各巻頭の「推薦のことば」「監修のことば」には、その内容が、税務当局に寄せられた相談事例及び職務執行の際に生じた疑義について回答と解説を示すものである旨の記載がある。

⑾　甲の顧問税理士は、税務当局が個人から法人への無利息貸付けに所得税を課さない旨の見解を採っていると解していたため、甲の平成元年分から平成3年分までの所得税については、雑所得を0円とする申告をした。

⑿　当時の裁判例としては、同族会社に対して主たる株主がした多額の金銭の無利息貸付けにつき、通常収受すべき利息債権の免除と同一の効果を上げたものであり、これを放置すれば同株主の所得税の負担を不当に減少させる結果となるとして、行為計算否認規定を適用してされた更正処分を適法であると判断した東京地裁昭和55年判決があった。

東京地裁昭和55年10月22日判決

　原告〔主たる株主〕と○○○○〔同族会社〕との間・・・において利息の約定がなかったものというべきであり、従って私法上の効力として原告が○○○○に対し利息債権を有するものとすることはできない。しかしながら・・・多額の金銭を常時無利息で貸付けておくなどということは純経済人の観点からすれば不合理・不自然であり、原告としては借主が、自己の経営し、かつ主たる株主である同族会社であるからこそ容易に行なっていたものであるといわざるを得ない。しかして原告と○○○○との間において貸付金・・・につき利息の定めをせず、利息の授受をしないとの行為は、○○○○からすれば通常なら当然に支払うべき利息相当額の金銭の支払いを免れ、これによって同額の利益を得、原告からすれば通常なら当然収受することのできる利息債権を免除したのと同一の効果をあげたものということができ・・・る。そして右のような同族会社である○○○○の行為を放置した場合、その株主である原告の収

入すべき金額を減少させ、よって原告の所得税の負担を不当に減少させる結果となるものということができるから、被告〔課税庁〕は旧所得税法第67条第1項により右行為を否認し、通常ならなされたであろうと認められる行為又は計算に引き直して更正処分をすることができるものと解すべく、被告が本件再更正処分において・・・利息金相当額を原告が収受したものとみなし、これを雑所得に加算したのは相当である。

⒀　所轄税務署長は、平成4年6月某日、所得税法157条《同族会社等の行為又は計算の否認等》を適用して、本件貸付けによって甲に利息相当分に係る雑所得が生じたと認定し、所得税の増額更正をするとともに、過少申告加算税の賦課決定をした。

■関係法令等

国税通則法

(過少申告加算税)

第65条　期限内申告書（・・・）が提出された場合（・・・）において、修正申告書の提出又は更正があったときは、当該納税者に対し、その修正申告又は更正に基づき第35条第2項（・・・）の規定により納付すべき税額に100分の10の割合（・・・）を乗じて計算した金額に相当する過少申告加算税を課する。

2・3　（略）

4　次の各号に掲げる場合には、第1項又は第2項に規定する納付すべき税額から当該各号に定める税額として政令で定めるところにより計算した金額を控除して、これらの項の規定を適用する。

　一　第1項又は第2項に規定する納付すべき税額の計算の基礎となった事実のうちにその修正申告又は更正前の税額（・・・）の計算の基礎とされていなかったことについて正当な理由があると認められるものがある場合

　　その正当な理由があると認められる事実に基づく税額

　二　（略）

5　（略）

2.2 検 討

【事 例】の事実関係を整理すると、次のとおりです。

- 当時、国税局職員が編集・監修をした解説書には、会社に対し、運転資金として無利息貸付けをした代表者は、所得税の申告をする必要がないと記載されていた。
- 甲の顧問税理士は、税務当局が個人から法人への無利息貸付けに所得税を課さない旨の見解を採っていると解し、甲の所得税については、雑所得を0円とする申告をした。
- 所轄税務署長は、行為計算否認規定を適用して、甲に利息相当分に係る雑所得が生じたと認定し、所得税の増額更正と過少申告加算税の賦課決定をした。

【事 例】では、このような事実関係の下、甲の申告が過少申告となったことについて、「正当な理由」があるか否か（加算税が免除されるか否か）が問題となっています。

この点について、最高裁平成16年判決は、【事 例】と同様の事案で、次のとおり判示しています。

最高裁平成16年7月20日判決

　❶本件貸付け〔同族会社の出資者が同会社に対してした無利息貸付け〕は、3,455億円を超える多額の金員を無利息、無期限、無担保で貸し付けるものであり、被上告人がその経営責任を果たすためにこれを実行したなどの事情も認め難いのであるから、不合理、不自然な経済的活動であるというほかはないのであって、税務に携わる者としては、本件規定〔所得税法157条〕の適用の有無については、上記の見地を踏まえた十分な検討をすべきであったといわなければならない。

　他方、❷本件各解説書〔国税局職員が編集・監修をした解説書〕は、その体裁等からすれば、税務に携わる者においてその記述に税務当局の見解が反映されていると受け取られても仕方がない面がある。しかしながら、その内容は、代

表者個人から会社に対する運転資金の無利息貸付け一般について別段の定めの
あるものを除きという留保を付した上で、又は業績悪化のため資金繰りに窮し
た会社のために代表者個人が運転資金500万円を無利息で貸し付けたという設例
について、いずれも、代表者個人に所得税法36条１項にいう収入すべき金額が
ない旨を解説するものであって、代表者の経営責任の観点から当該無利息貸付
けに社会的、経済的に相当な理由があることを前提とする記述であるというこ
とができるから、不合理、不自然な経済的活動として本件規定の適用が肯定さ
れる本件貸付けとは事案を異にするというべきである。そして、**3**当時の裁判例
等に照らせば、被上告人の顧問税理士等の税務担当者においても、本件貸付け
に本件規定が適用される可能性があることを疑ってしかるべきであったという
ことができる。

　そうすると、**4**前記利息相当分が更正前の税額の計算の基礎とされていなかっ
たことについて国税通則法65条４項〔現　同項１号〕にいう正当な理由があっ
たとは認めることができない。

判決文の**1**～**4**のポイントは、それぞれ次のとおりです。

1：本件貸付けは、不合理、不自然な経済的活動であるというほかはなく、
　　税務に携わる者としては、行為計算否認規定の適用の有無については、
　　十分な検討をすべきであった。

2：国税局職員が編集・監修をした解説書の内容は、代表者の経営責任の観
　　点から無利息貸付けに社会的、経済的に相当な理由があることを前提と
　　する記述であるから、不合理、不自然な経済的活動として行為計算否認
　　規定の適用が肯定される本件貸付けとは事案を異にする。

3：当時の裁判例等に照らせば、顧問税理士においても、本件貸付けに行為
　　計算否認規定が適用される可能性を疑ってしかるべきであった。

4：過少申告となったことについて「正当な理由」があったとは認めること
　　ができない。

　上記判決によれば、【事　例】の甲らは、行為計算否認規定の適用の可能性を
疑ってしかるべきで、（その適用が念頭にない）国税局職員の事例解説を理由

に、過少申告加算税を免れることはできない、と考えられます。

2.3　結 論

　甲の申告が過少申告となったことについて、「正当な理由」は認められません（最高裁平成16年判決）。

🔍クローズアップ

　最高裁平成16年判決の原審（東京高裁平成11年判決）は、甲の申告が過少申告となったことについて「正当な理由」が認められるとして、過少申告加算税の賦課決定処分を取り消していました。納税者にとっては、最高裁で逆転敗訴となった事案です。

　なお、東京高裁平成11年判決の判示のポイントは、次のとおりです。

- 本件解説書は、「推薦のことば」、「監修のことば」等において、税務当局に寄せられた相談事例及び職務の執行の際に生じた疑義について回答と解説を示す形式がとられていることが記載されており、税務当局の業務ないし税務当局勤務者の職務との密接な関連性を窺わせるものである。
- したがって、税務関係者がその編者等や発行者から判断して、その記載内容が税務当局の見解を反映したものと認識すること（すなわち、税務当局が個人から法人に対する無利息貸付については課税しないとの見解であると解すること）は無理からぬところである。
- そして、控訴人（納税者）の税務関係のスタッフも税務当局が個人から法人に対する無利息貸付については課税しないとの見解であると解していたことが認められ、これを単なる法解釈についての不知、誤解ということはできない。
- 以上を総合すると、過少申告加算税を課することが酷と思料される事情があり、国税通則法65条４項〔現　同項１号〕の「正当な理由」が

あるというべきである。

この東京高裁平成11年判決を評価する声もあり、品川芳宣名誉教授は、次のとおり述べておられます。

> **重要租税判決の実務研究　第3版**
> 「一般に、税法の解釈・適用は難解であるため、税法の立法趣旨、通達の取扱い、課税上の質疑応答等に関する税務官庁担当者による解説書は極めて有益である。また、有益であるが故に、実務上の取扱いを事実上支配していることもまま見受けられるところである。然すれば、本件のように、国税当局担当者による解説書が納税者の税法解釈の誤解に加担しているような場合には、『正当な理由』を容認すべきであろうし・・・、そのことを認めた〔東京高裁平成11年〕判決は評価し得る。また、その方が、納税者と税務官庁の信頼関係の向上に資するものと考えられる」（〔 〕内引用者）（品川2014、p. 195）

3　ストックオプションの権利行使益に係る所得の区分（参考）

本セクションでは、過少申告となったことについて「正当な理由」（通法65④一）が認められた最高裁平成18年判決を取り上げます。

同判決の概要は、以下のとおりです。

3.1　事案の概要

⑴　納税者は、代表取締役等として勤務していた会社の親会社である米国法人から、ストックオプションを付与された。

⑵　納税者は、上記⑴のストックオプションを行使して得た「権利行使益」について、平成11年分の所得税の確定申告において、「一時所得」として申告した。

(3)　上記(2)の申告に対し、課税庁は、上記(2)の「権利行使益」が「給与所得」に当たるとして、増額更正を行った。

図表 1

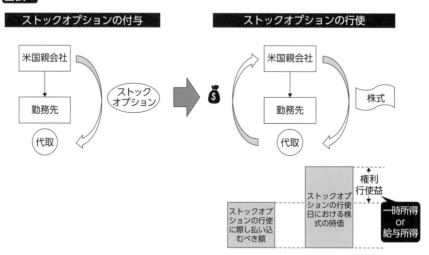

3.2　法令解釈

最高裁平成18年判決は、国税通則法65条４項の定める「正当な理由があると認められる」場合について、次のとおり判示しています。

最高裁平成18年10月24日判決

　過少申告加算税は、過少申告による納税義務違反の事実があれば、原則としてその違反者に対して課されるものであり、これによって、当初から適正に申告し納税した納税者との間の客観的不公平の実質的な是正を図るとともに、過少申告による納税義務違反の発生を防止し、適正な申告納税の実現を図り、もって納税の実を挙げようとする行政上の措置である。この趣旨に照らせば、過少申告があっても例外的に過少申告加算税が課されない場合として<u>国税通則法65条４項が定めた「正当な理由があると認められる」場合とは、真に納税者の責めに帰することのできない客観的な事情があり、上記のような過少申告加算税の趣旨に照らしてもなお納税者に過少申告加算税を賦課することが不当又は酷になる場合をいうものと解するのが相当である</u>（・・・）。

3.3　認定事実

⑴　東京国税局直税部長が監修し、同局所得税課長が編者となり、財団法人大蔵財務協会が発行した『回答事例による所得税質疑応答集』昭和60年版においては、外国法人である親会社から日本法人である子会社の従業員等に付与されたストックオプションの権利行使益については、ストックオプションが給与等に代えて付与されたと認められるとき以外は「一時所得」として課税されることになるという趣旨の記述がされていた。

　　また、平成6年版までの『回答事例による所得税質疑応答集』においても同旨の記述がされていた。

⑵　課税実務においても、平成9年分の所得税の確定申告がされる時期ころまでは、上記権利行使益を『一時所得』として申告することが容認されていた。

⑶　しかしながら、我が国においてストックオプションに関する法整備が行われるに伴い、課税庁において、ストックオプションの権利行使益は「一時所得」ではなく「給与所得」であるとの共通認識が形成され、平成10年分の所得税の確定申告の時期以降は、上記権利行使益を給与所得とする統一的な取扱いがされるに至った。

⑷　平成10年7月に発行された『回答事例による所得税質疑応答集』平成10年版においても、外国法人である親会社から付与されたストックオプションの権利行使益は「給与所得」として課税されることになる旨の記述がされた。

⑸　しかし、そのころに至っても、外国法人である親会社から付与されたストックオプションの権利行使益の課税上の取扱いが所得税基本通達その他の通達において明記されることはなく、平成14年6月24日付け課個2-5ほかによる所得税基本通達23〜35共-6の改正によって初めて変更後の取扱いが通達に明記された。

図表 2

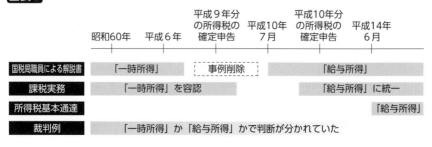

3.4 当てはめ

　最高裁平成18年判決は、次の事情の下では、納税者がストックオプションの権利行使益を「一時所得」として申告した（「給与所得」として申告しなかった）ことについて「正当な理由」（通法65④一）があるものというべきである、と判示しました。

- 外国法人である親会社から日本法人である子会社の従業員等に付与されたストックオプションに係る課税上の取扱いに関しては、法令上特別の定めが置かれていないところ、課税庁においては、かつて、上記ストックオプションの権利行使益を「一時所得」として取り扱い、課税庁の職員が監修等をした公刊物でもその旨の見解が述べられていたこと
- 課税庁においては、平成10年分の所得税の確定申告の時期以降、上記の課税上の取扱いを変更し、「給与所得」として統一的に取り扱うようになったが、その変更をした時点では通達によりこれを明示することなく、平成14年6月の所得税基本通達の改正によって初めて変更後の取扱いを通達に明記したこと
- 上記ストックオプションの権利行使益の所得区分に関する所得税法の解釈問題については、「一時所得」とする見解にも相応の論拠があったこと

　以下、最高裁平成18年判決の解説記事を引用します。

判例タイムズ　1227号

「外国法人である親会社から日本法人である子会社の従業員等に付与されたストックオプションの権利行使益・・・の所得区分に関する所得税法の解釈問題については、下級審の裁判例においても判断が分かれるほど微妙な点があり、一時所得とする見解にも相応の論拠があった。

（略）

・・・本判決は、課税庁が、租税法規の解釈上微妙な点を含む問題について、従来の解釈を改め、課税上の取扱いを変更したにもかかわらず、変更後の取扱いが国民の間に定着するような必要な措置を講じていなかったことによって生じた『新解釈の未定着状態』に着目し、そのような視点から、納税者が従来の解釈ないし取扱いに従って申告したことにつき・・・『正当な理由』を認めたものと評することができるであろう」（匿名記事2007、p. 113）

このように、最高裁平成18年判決は、平成14年6月に変更後の取扱いが通達に明記されるまでの間は、納税者において、従来の見解に従って、権利行使益を「一時所得」として申告したとしても、それには無理からぬ面があると判断したものです。

なお、平成10年分の確定申告がされる時期までには、課税庁の職員が監修等をした『回答事例による所得税質疑応答集』に変更後の取扱いが記載され、財団法人大蔵財務協会発行の「国税速報」にも同旨の見解が発表されていました。

したがって、納税者としては、平成10年分以降の所得税の確定申告において、上記公刊物に表示されている見解を採っていたならば、そもそも過少申告となること自体を避けることができた、といえます。

4　エピローグ

学生　事例検討の際、『事例集』を利用することも多いですが、『事例集』に類似事例を見つけたらすぐに飛びついてしまって、前提の確認を怠っていたかもしれません。

教授　前提の確認は重要ですね。『事例集』はある程度一般化せざるを得ないので、シンプルな前提になりがちです。しかし、実際の事案は、調査をすればするほど、いろいろな事実が出てきます。実際の事案について、『事例集』の前提と本質的に異なる事実が出てくれば、『事例集』を参考にすることは難しくなります。また、最高裁平成16年判決でも問題になりましたが、『事例集』は、特に断りがなくても、経済合理性のある取引を前提に書かれている、と考えるべきでしょう。

学生　文献を読む際、他に注意すべき点はありますか。

教授　例えば、文章の語尾が「・・・と解すべきであろう」とか「・・・と考える」といった表現になっている部分は、著者の私見と捉えておいたほうが無難でしょう。また、見解の根拠として示されている条文や文献は、人によって解釈が異なるかもしれませんので、自ら確認しておくことも大切です。

学生　話は変わりますが、最高裁平成16年判決では、加算税の争いになっていましたが、本税自体を争うのは難しいのでしょうか。つまり、国税局職員が書かれたものを信頼して申告したのだから、そもそも過少申告ではない、といった主張は難しいのでしょうか。

教授　信義則違反の話ですね。信義則違反を理由に課税処分を取り消すことができる場合については、最高裁昭和62年判決が判断基準を示していますが、ハードルは高いです。

最高裁昭和62年10月30日判決

　租税法規に適合する課税処分について、法の一般原理である信義則の法理の適用により、右課税処分を違法なものとして取り消すことができる場合があるとしても、法律による行政の原理なかんずく租税法律主義の原則が貫かれるべき租税法律関係においては、右法理の適用については慎重でなければならず、租税法規の適用における納税者間の平等、公平という要請を犠牲にしてもなお当該課税処分に係る課税を免れしめて納税者の信頼を保護しなければ正義に反するといえるような特別の事情が存する場合に、初めて右法理の適用の是非を考えるべきものである。そして、右特別の事情が存するかどうかの判断に当

たっては、少なくとも、税務官庁が納税者に対し信頼の対象となる公的見解を表示したことにより、納税者がその表示を信頼しその信頼に基づいて行動したところ、のちに右表示に反する課税処分が行われ、そのために納税者が経済的不利益を受けることになったものであるかどうか、また、納税者が税務官庁の右表示を信頼しその信頼に基づいて行動したことについて納税者の責めに帰すべき事由がないかどうかという点の考慮は不可欠のものであるといわなければならない。

　最高裁平成16年判決の下級審も、この判断基準に照らして、「国税局職員による解説書」を公的見解の表示と同視することはできないなどとして、信義則の法理の適用を否定しています。

参考文献等

東京地裁昭和55年判決：東京地判昭和55年10月22日（TAINS／コード Z115-4689）

最高裁昭和62年判決：最判昭和62年10月30日裁判所 HP 参照（昭和60年（行ツ）125号）

東京高裁平成11年判決：東京高判平成11年5月31日（D1-Law.com 判例体系／判例 ID 28041260）

最高裁平成16年判決：最判平成16年7月20日裁判所 HP 参照（平成11年（行ヒ）169号）

最高裁平成18年判決：最判平成18年10月24日裁判所 HP 参照（平成17年（行ヒ）20号）

匿名記事2007：匿名記事「判批」判タ1227号 pp. 111-115（2007）

品川2014：品川芳宣『重要租税判決の実務研究（第3版）』大蔵財務協会（2014）

第13講
国際税務（1）
準拠法

1　プロローグ

教授　第5講でもお話したとおり、税法の規定には、私法の規律を踏まえて作られているものも多くあります。ここで、税法が前提とする私法は、日本の民法であったり、会社法であったりするわけですが、もし、外国の不動産をもらったり、あるいは、外国法で契約したりした場合、日本の税法の適用はどのように考えますか。

学生　日本の民法だったらこうなる、というように、法律関係を引き直すのが分かりやすいと思います。

教授　なるほど。でも、そのような引き直しを行うと、実際の法律関係と課税のために引き直した法律関係とが大きく異なる事態も生じ得ますね。例えば、外国法の下では、契約の効力は生じていないのに、引き直した日本法の下では、契約の効力が生じたかのように取り扱われる、というような事態です。

学生　確かに、そのような事態が生じると、適正な課税ができないように思います。では、どのようにすればよいでしょうか。

教授　当事者間の法律関係は外国法で考え、税法の概念は日本法で解釈す

> る、という原則に立って、両者の橋渡しをするのがよいと思います。
> 物権契約の事例と債権契約の事例で、それぞれ検討してみましょう。

2　カリフォルニア州に所在する不動産の贈与

※　本セクションでは、引用部分を除き、「カリフォルニア州」を「CA 州」と
略記します。

2.1　事　例

【事例 1 】

　（亡）戊夫妻は、A 夫妻から米国 CA 州所在の不動産（以下「**本件不動
産**」という）を買い受け、これを丙夫妻に贈与した（以下「**本件贈与**」と
いう）。

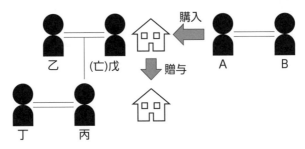

　我が国では、措置法上の贈与税の課税の特例（以下「**本件特例**」という）
が創設され、×2年4月1日以後に、贈与により取得した財産に対して適
用されることとなった（後記「関係法令」参照）。

　次の⑴〜⑾の事実関係の下、本件贈与に、本件特例の適用はあるか。

　なお、簡単のため、⑵の時点で、贈与契約は成立していないものと
し[※1]、また、本件特例の内容については割愛する[※2]。

　⑴　（亡）戊夫妻は、×2年3月12日、A 夫妻との間で、本件不動産を

代金88万ドルで買い受ける旨の売買契約を締結した。

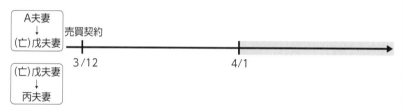

⑵　（亡）戊は、×２年３月24日、丙に本件不動産を贈与する旨の贈与
　証書（以下「**本件贈与証書**」という）を作成し、同日、日本の公証役
　場において、確定日付の付与を受けた。

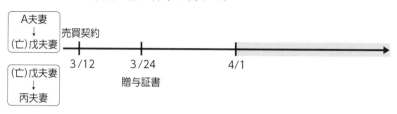

⑶　A夫妻は、×２年３月27日、本件不動産を（亡）戊夫妻に譲渡す
　る旨の譲渡証書（以下「**本件譲渡証書１**」という）を作成し、同月28
　日、CA州公証人の認証を受けた。

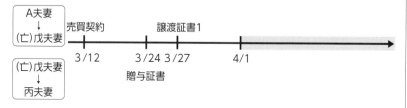

⑷　（亡）戊は、×２年３月27日、本件不動産の購入代金88万ドルを全
　額負担し、自己の銀行預金口座から米国の不動産業者に送金し、その
　ころ本件譲渡証書１を取得した。

※１　静岡地裁平成19年判決は、【事例１】と同様の事案で、贈与契約の成立時期を検討する必要は
　　ない旨判示しています。他方で、この点については、審議不足を指摘する声もあり（浅妻2011、
　　pp. 26-29）、本書では立ち入らないこととするものです。
※２　静岡地裁平成19年判決において、その適用関係が問題となった〝本件特例〟の内容について
　　は、後記「クローズアップ」をご参照ください。

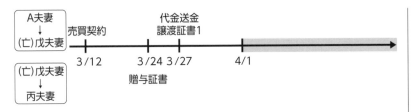

(5)　×2年3月29日、CA州において、本件不動産について、A夫妻から（亡）戊夫妻に対する所有権移転登記手続がなされた。

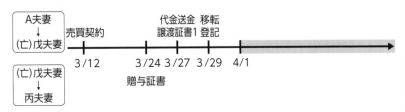

(6)　丙は、×2年3月29日、（亡）戊から本件不動産の譲渡を受ける旨の登記準備書面（所有権変更仮報告書）を作成した。

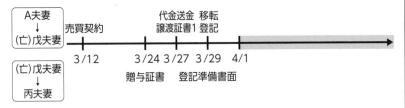

(7)　（亡）戊夫妻は、×2年4月11日、丙夫妻に対し、ジョイント・テナンシーとして、本件不動産を無償譲渡する旨の契約書（以下「**本件譲渡証書2**」という）を作成した。

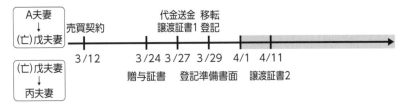

(8)　（亡）戊夫妻は、×2年4月28日、本件譲渡証書2について、日本の公証役場において宣誓認証を受け、同日から同年5月5日までの間に同証書が丙夫妻に到達した。

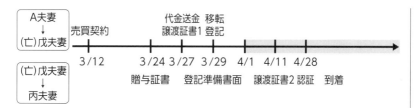

⑼　×2年5月5日、CA州において、本件不動産について、（亡）戊夫妻から丙夫妻に対する所有権移転登記手続がなされた。

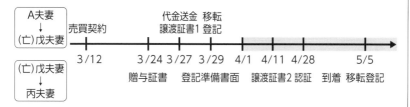

⑽　本件譲渡証書1には、A夫妻がジョイント・テナンツとしての（亡）戊夫妻に対して本件不動産を譲渡する旨が記載されている。

⑾　本件譲渡証書2には、（亡）戊夫妻がジョイント・テナンツとして、ジョイント・テナンツとしての丙夫妻に本件不動産を譲渡する旨が記載され、（亡）戊及び乙の署名がある。

■関係法令

> **租税特別措置法の一部を改正する法律附則**
> **（相続税及び贈与税の特例に関する経過措置）**
> **第○条**　新租税特別措置法第○条の規定は、施行日以後に相続若しくは遺贈（贈与者の死亡により効力を生ずる贈与を含む。以下この項において同じ。）又は贈与（贈与者の死亡により効力を生ずる贈与を除く。以下この項において同じ。）により取得した財産に係る相続税又は贈与税について適用し、施行日前に相続若しくは遺贈又は贈与により取得した財産に係る相続税又は贈与税については、なお従前の例による。

> **法の適用に関する通則法**
> **（物権及びその他の登記をすべき権利）**

> **第13条**　動産又は不動産に関する物権及びその他の登記をすべき権利
> は、その目的物の所在地法による。
> 2　前項の規定にかかわらず、同項に規定する権利の得喪は、その原
> 因となる事実が完成した当時におけるその目的物の所在地法によ
> る。

🔍 クローズアップ

　【事例1】 は、静岡地裁平成19年判決を題材とするものですが、同判決では、次のとおり、旧措置法69条2項の適用があるか否かが争点となりました。

(1)　**前　提**

　　イ　（亡）戊夫妻は、CA州に所在する不動産を丙夫妻に贈与した。

　　ロ　（亡）戊夫妻から丙夫妻に対する不動産の贈与がされた時点の前
　　　　5年以内に（亡）戊夫妻は日本国内に住所を有し、かつ、丙夫妻は
　　　　日本国籍を有するが日本国内に住所を有していなかった。

(2)　**適用関係**

　　イ　不動産の取得時期が平成12年3月31日以前であれば、旧措置法69
　　　　条2項の適用はなく、丙夫妻に贈与税が課されることはない。

　　ロ　不動産の取得時期が平成12年4月1日以後であれば、旧措置法69
　　　　条2項が適用され、丙夫妻に贈与税が課されることになる。

　なお、令和3年9月1日現在、贈与税の課税対象となる財産の範囲は、財産を贈与した人（贈与者）と贈与により財産を取得した人（受贈者）の贈与時の住所等により、おおむね次表のとおりとなっています（国税庁HP「タックスアンサー」No. 4432）。

贈与者 ＼ 受贈者	国内に住所あり		国内に住所なし		
			日本国籍あり		日本国籍なし
		一時居住者	10年以内に国内に住所あり	10年以内に国内に住所なし	
国内に住所あり	■	■	■	■	■
外国人	■		■		
国内に住所なし　10年以内に国内に住所あり	■	■	■	■	■
外国人	■		■		
10年以内に国内に住所なし	■		■		

(1)　上記の表中、黒塗りの区分に該当する受贈者が贈与により取得した財産については、原則として、国内財産及び国外財産にかかわらず全て課税対象になります。

(2)　上記の表中、黒塗りの区分以外に該当する受贈者が贈与により取得した財産については、国内財産のみが課税対象になります。

2.2　検　討

2.2.1　法令解釈

【事例1】では、本件贈与に、本件特例の適用があるか否かが問題となっています。

この点、本件特例の経過措置については、措置法の附則において、次のとおり規定されています。

> **租税特別措置法の一部を改正する法律附則**
> **（相続税及び贈与税の特例に関する経過措置）**
> **第○条**　新租税特別措置法第○条の規定は、施行日〔×2年4月1日〕以後に・・・贈与・・・により取得した財産に係る・・・贈与税について適用し、施行日〔×2年4月1日〕前に・・・贈与により取得した財産に係る相続税又は贈与税については、なお従前の例による。

この経過措置を要約すると、**図表1**のとおりです。

図表1

〔財産を〕贈与により取得した時期	本件特例の適用
×2年4月1日以後	あり
×2年3月31日以前	なし

そこで、「〔財産を〕贈与により取得した時期」の解釈が問題となります。

この点について、東京高裁平成19年判決は、**【事例1】**と同様の事案で、次のとおり判示しています。

東京高裁平成19年10月10日判決

　租税特別措置法69条の規定は・・・「・・・平成12年4月1日・・・以降に贈与により取得した財産」に係る贈与税について適用されるところ、この「財産の取得」がいつの時点でなされたかは、国税通則法15条2項5号にいう「贈与による財産の取得の時」の解釈と同様、贈与による財産権の移転が当事者間において確定的に生じたものと客観的に認められるか否かにより判断していくのが相当である。

また、東京高裁平成19年判決の第一審判決である静岡地裁平成19年判決は、より直接的に、次のとおり判示しています。

静岡地裁平成19年3月23日判決

　本件で問題となっているのは本件贈与を原因とする亡戊夫妻から原告丙夫妻への本件不動産の所有権の移転時期である・・・。

以上によれば、**図表1**の「〔財産を〕贈与により取得した時期」は、

● 贈与による財産権の移転が当事者間において確定的に生じたものと客観的に認められる時期（所有権の移転時期）

をいうものと解されます。

　ところで、【事例１】において、「贈与により取得した財産」は、CA 州所在の不動産です。

　それでは、贈与を受けた不動産が CA 州に所在する場合であっても、上記の「贈与による財産権の移転が当事者間において確定的に生じたものと客観的に認められる時期（所有権の移転時期）」は、日本の民法に照らして判断することになるのでしょうか。

　この点について、法の適用に関する通則法13条１項は、次のとおり規定しています。

法の適用に関する通則法

（物権及びその他の登記をすべき権利）

第13条　動産又は<u>不動産に関する物権及びその他の登記をすべき権利は、その目的物の所在地法による。</u>

　2　（略）

　また、東京高裁平成19年判決は、【事例１】と同様の事案で、次のとおり判示しています。

東京高裁平成19年10月10日判決

　❶本件では、贈与の対象となる本件不動産が米国カリフォルニア州に所在するので、本件不動産の物権変動については、本件贈与税決定処分がされた当時施行されていた法例10条１項〔現：法の適用に関する通則法13条１項〕に基づき、同州法を準拠法として判断していくことになるのである。

　そして、❷同州民法（1091条）によれば、不動産権は原則として当事者又は書面で授権されたその代理人の署名入り証書によってのみ移転できることになっており、❸同州において不動産の譲渡が有効であるためには、不動産譲渡証書が、〈１〉書面で作成されていること、〈２〉譲与人を指定していること、〈３〉被譲与人を指定してること、〈４〉譲与人若しくは同人の代理人により署名されていること、〈５〉被譲与人に交付されていること、〈６〉被譲与人によって受諾されていることが要件として必要であり、将来所有権を移転させる内容に留まる合意は同証書としての効力を有しないとされているのである。

判決文の**1**〜**3**のポイントは、それぞれ次のとおりです。

1：CA 州に所在する不動産の物権変動については、法の適用に関する通則法13条1項に基づき、CA 州法を準拠法として判断する。

2：CA 州民法によれば、不動産権は原則として、署名入り証書によってのみ移転できる。

3：CA 州において不動産の譲渡が有効であるためには、不動産譲渡証書について、**図表2**の要件を満たすことが必要である。

図表2

CA 州法上の不動産譲渡証書の要件
(1) 書面で作成されていること
(2) 譲与人を指定していること
(3) 被譲与人を指定してること
(4) 譲与人若しくは同人の代理人により署名されていること
(5) 被譲与人に交付されていること
(6) 被譲与人によって受諾されていること

以上によれば、CA 州に所在する不動産の贈与を受けた場合における「贈与による財産権の移転が当事者間において確定的に生じたものと客観的に認められる時期（所有権の移転時期）」を特定するに当たっては、その不動産が、**図表2**の要件を満たす証書によって有効に譲渡されたか否かを検討する必要があります。

2.2.2 当てはめ

東京高裁平成19年判決は、【**事例1**】と同様の事案で、結論として、

● 丙夫妻が本件不動産の所有権を取得した時期は、本件譲渡証書2が成立した×2年4月1日以降となるので、本件贈与には本件特例が適用される

という趣旨の判示をしました。

その理由付けのポイントは、次のとおりです。

- 本件贈与証書、登記準備書面などは、CA 州法上の不動産譲渡証書の要件（**図表 2**）を満たさない。
- 本件譲渡証書 2 のみが、CA 州法上の不動産譲渡証書の要件（**図表 2**）を満たす。

これらのポイントのイメージを図に示すと、**図表 3** のとおりです。

図表 3

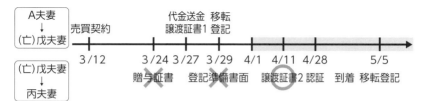

このように、措置法の附則にいう「〔財産を〕贈与により取得した」時期は、CA 州法の下、不動産の物権変動があったか否かによって、決せられることになります。

2.3　結　論

丙夫妻が本件不動産の所有権を取得した時期は、本件譲渡証書 2 が成立した×2 年 4 月 1 日以降となりますので、本件贈与には本件特例が適用されます（東京高裁平成19年判決）。

3　ニューヨーク州法を準拠法とする契約

※本セクションでは、「ニューヨーク州」を「NY 州」と略記します。

3.1 事 例

【事例2】

　後記(6)の更正処分は、適法か。

(1)　A 社は、ガラス基板の製造・販売を業とする内国法人である。

(2)　A 社は、製造に用いるプラチナ（減価償却資産以外の固定資産）を調達するため、×1年6月に、米国企業 X 社との間で契約（以下「**本件契約**」という）を締結し、プラチナの引渡しを受けた。

　　なお、引渡時のプラチナの時価は、98億円であった。

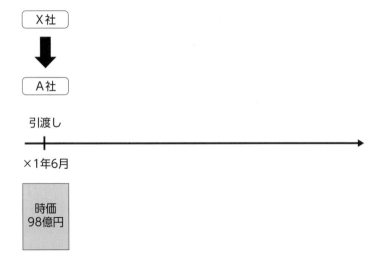

(3)　本件契約において、A 社は、契約終了時に、次のイ又はロのいずれかを選択するものとされていた。

　イ　プラチナを〝purchase″する権利（以下「**買取選択権**」という）を行使して、X 社からプラチナを〝purchase″する。

　ロ　返還選択権を行使して、X 社に、引渡しを受けたプラチナそれ自体（又は、同種同等同量以上のプラチナ）を返還する。

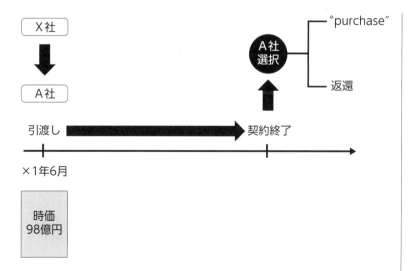

(4)　A 社は、本件契約の終了に伴い、×3 年 6 月に買取選択権を行使
し、X 社に120億円を支払った。

　　なお、120億円は、契約終了時のプラチナの時価である。

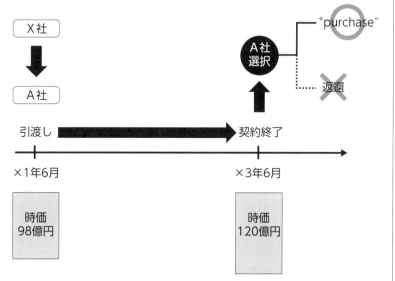

(5)　A 社は、プラチナの取得価額は引渡時の時価（98億円）であるとし
て、×3 年12月期の法人税の確定申告において、支払額（120億円）か

ら引渡時の時価を控除した22億円を特別損失として計上し、これを損金の額に算入して申告をした。

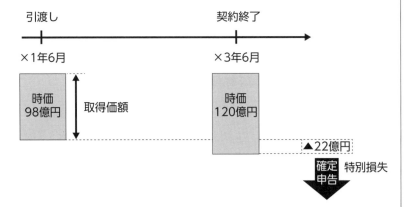

(6)　上記(5)の申告に対して、課税庁は、特別損失22億円はプラチナの取得価額の一部であり損金の額に算入されないとして、法人税の更正処分をした。

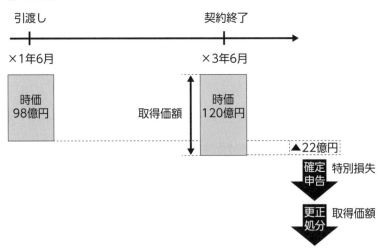

(7)　上記(1)～(6)のほか、次の事実が認められる。

　　イ　A社とX社とは、本件契約の準拠法として米国NY州法を指定する旨の合意をしている。

　　ロ　本件契約には、次の条項がある。

- (イ)　A社は、プラチナについて、引渡時から契約終了時までの間、X社に対し使用料を支払う。
- (ロ)　A社は、プラチナについて、第三者に対し担保権等の設定をしたり、転貸したり、製造過程における合金化を除いて重要な加工・改良を行うことはできない。
- (ハ)　X社は、プラチナの〝title〟を留保するものする。
- (ニ)　A社は、プラチナを返還する際、X社がプラチナに対する正当で譲渡可能な〝title〟を有し、かつ、この〝title〟には担保権等が設定されておらず、プラチナの利用又は譲渡を制限する合意も付されていないことを保証するものとする。

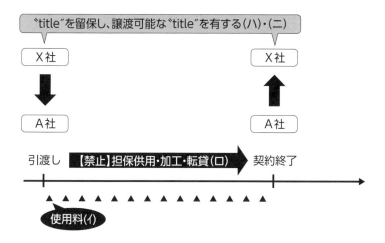

ハ　A社は、プラチナの取得価額（98億円）を×3年12月期の会計帳簿に計上した。

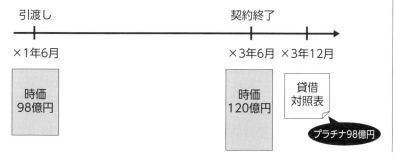

■関係法令

> **法の適用に関する通則法**
> **(当事者による準拠法の選択)**
> **第7条**　法律行為の成立及び効力は、当事者が当該法律行為の当時に選択した地の法による。

3.2　検討

3.2.1　法令解釈

法人税法31条1項は、次のとおり規定しています。

> **法人税法**
> **(減価償却資産の償却費の計算及びその償却の方法)**
> **第31条**　内国法人の各事業年度終了の時において有する減価償却資産につきその償却費として第22条第3項(各事業年度の損金の額に算入する金額)の規定により当該事業年度の所得の金額の計算上損金の額に算入する金額は、その内国法人が当該事業年度においてその償却費として損金経理をした金額(以下この条において「**損金経理額**」という。)のうち、その取得をした日及びその種類の区分に応じ、償却費が毎年同一となる償却の方法、償却費が毎年一定の割合で逓減する償却の方法その他の政令で定める償却の方法の中からその内国法人が当該資産について選定した償却の方法(償却の方法を選定しなかった場合には、償却の方法のうち政令で定める方法)に基づき政令で定めるところにより計算した金額(次項において「**償却限度額**」という。)に達するまでの金額とする。
> 2〜6　(略)

また、法人税法施行令48条、48条の2及び54条は、次のとおり規定しています。

法人税法施行令

（減価償却資産の償却の方法）

第48条　平成19年3月31日以前に取得をされた減価償却資産（・・・）の償却限度額（・・・）の計算上選定をすることができる同項に規定する政令で定める償却の方法は、次の各号に掲げる資産の区分に応じ当該各号に定める方法とする。

　一～六　（略）

2～6　（略）

第48条の2　平成19年4月1日以後に取得をされた減価償却資産（第六号に掲げる減価償却資産にあっては、当該減価償却資産についての所有権移転外リース取引に係る契約が平成20年4月1日以後に締結されたもの）の償却限度額の計算上選定をすることができる法第31条第1項（減価償却資産の償却費の計算及びその償却の方法）に規定する政令で定める償却の方法は、次の各号に掲げる資産の区分に応じ当該各号に定める方法とする。

　一～六　（略）

2～6　（略）

（減価償却資産の取得価額）

第54条　減価償却資産の第48条から第50条まで（減価償却資産の償却の方法）に規定する取得価額は、次の各号に掲げる資産の区分に応じ当該各号に定める金額とする。

　一　購入した減価償却資産　次に掲げる金額の合計額

　　イ　当該資産の購入の代価（引取運賃、荷役費、運送保険料、購入手数料、関税（関税法第2条第1項第4号の2（定義）に規定する附帯税を除く。）その他当該資産の購入のために要した費用がある場合には、その費用の額を加算した金額）

　　ロ　当該資産を事業の用に供するために直接要した費用の額

　二～六　（略）

2～6　（略）

ところで、**【事例2】**では、プラチナの引渡時の時価（98億円）と〝purchase〟時の時価（120億円）との差額が、損失なのか、それとも、取得価額な

のかが問題となっています。

図表 4

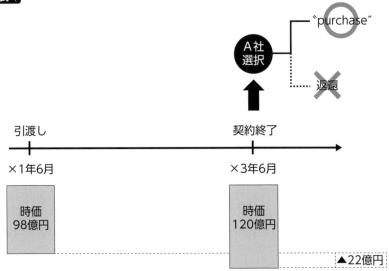

これは、別の見方をすれば、プラチナの「取得」の時期が、引渡しを受けた
×1年6月なのか、それとも、"purchase" した×3年6月なのかの問題で
す。

この判断の難しさは、次の2点にあります。

- 法人税法が、特段の定義なく「取得」という概念を用いていること
- NY 州法によって規律される取引において、「取得」に該当する行為を特
  定する必要があること

これらの点について、東京地裁平成28年判決は、【事例2】と同様の事案で、
次のような解釈を示しています（横溝2017、p. 152）。

- 法人税法が、特段の定義なく用いている「取得」という概念は、日本の民
  法上の「所有権移転」と同じ意義に解する
- 日本の民法上の「所有権移転」に相当する行為については、NY 州法によ

って規律される取引にあっては、NY 州法に基づいて特定する

以下、この解釈が示されている東京地裁平成28年判決を引用します。

東京地裁平成28年 7 月19日判決

　法人税法及び同法施行令が、各事業年度の所得の金額の計算上、当該事業年度に当該法人が「取得」した固定資産の「取得価額」を当該事業年度の損金の額に算入すべき金額（損失等）と区別しているのは、法人がその事業活動によって獲得する収益を事業年度単位で課税の対象とする（法人税法22条 1 項）一方で、固定資産の取得価額は、減価償却資産においては減価償却の計算の基礎となってその一部が費用として計上される（法人税法31条 1 項、同法施行令54条 1 項、48条 1 項、48条の 2 ）など、期間損益の計算の基礎となることによるものと考えられる。

　そして、上記のような法人税に係る法的規律の枠組み及び関係法令上の「取得価額」の位置付けに照らすと、法人税法及び同法施行令における法人による固定資産の「取得」の意義については、法人がその事業活動を行うに当たって準拠される私法法規及びこれに基づく私法上の法律関係を前提とした上で、租税法規における固定資産の取得の根拠となる経済事象としての実体を備えた行為として、所有権移転の原因となる私法上の法律行為がこれに当たるものと解するのが相当であり、上記「取得」の時期はその原因行為による所有権移転の時期がこれに当たるものと解される。

　しかるところ、本件において、〔A 社〕と〔X 社〕とは、本件各契約の準拠法として〔NY〕州法を指定する旨の合意をしており（・・・）、同州法が本件各契約の準拠法とされている（〔法の適用に関する通則法〕7 条）ので、本件各契約における法人（〔A 社〕）による固定資産（本件各プラチナ）の「取得」の時期、すなわち私法上の法律行為としての本件各契約による所有権移転の時期については、本件各契約の準拠法である〔NY〕州法に基づく法律関係の規律を前提とした上で、我が国の租税法規における固定資産の取得の根拠となる経済事象としての実体を備えた行為として、我が国の民法上の所有権移転に相当する実質を備えた私法上の法律行為が行われたと認められる時期がこれに当たるものと解するのが相当である。

この解釈のイメージを図に示すと、**図表 5** のとおりです。

図表5

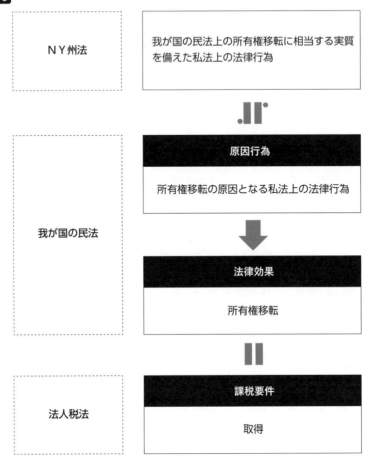

NY州法 — 我が国の民法上の所有権移転に相当する実質を備えた私法上の法律行為

我が国の民法

原因行為
所有権移転の原因となる私法上の法律行為

法律効果
所有権移転

法人税法

課税要件
取得

3.2.2 当てはめ

東京地裁平成28年判決は、【事例2】と同様の事案で、結論として、

● プラチナについて「我が国の民法上の所有権移転に相当する実質を備えた私法上の法律行為」が行われたものと認められる時期、すなわち、A社がプラチナを「取得」した時期は、A社が買取選択権を行使した時である。
● A社が買取選択権を行使した際に支払った120億円は、まさにプラチナを

「取得」するためにした支出であるから、その一部である特別損失22億円は、プラチナの「取得価額」の一部に当たる

という趣旨の判示をしました。

その理由付けのポイントは、次のとおりです。

- NY州UCC（米国統一商事法典）にプラチナの取引に関連する強行規定はないため、契約自由の原則により、本件契約の効力は、その契約内容により決せられる。
- A社は、買取選択権を行使してはじめて、各プラチナを自由に使用、収益及び処分をする権利を取得するものとみるのが相当である。
- 「X社は、プラチナの〝title〟を留保する」ことの意味は、貸主であるX社が、リース契約において、我が国の民法上の「所有権」を留保することと同義と解される。
- 「契約終了時に、プラチナを〝purchase〟する」ことの意味は、X社に留保されているプラチナの〝title〟を、代価を支払って取得するものであるといえるから、「購入」を意味するものと解するのが相当である。
- A社が自ら、プラチナの取得価額を×3年12月期の会計帳簿に計上している事実は、A社自身も、所有権取得時期を、買取選択権の行使時であると認識していたことをうかがわせる。

このように、【事例2】において、法人税法上の「取得価額」は、NY州法を準拠法とする契約の下、我が国の民法上の所有権移転に相当する実質を備えた私法上の法律行為が行われたと認められる時期の価額がこれに当たることになります。

3.3　結　論

プラチナの取得価額は、買取選択権を行使した際に支払った120億円であり、更正処分は適法です（東京地裁平成28年判決）。

🔍 クローズアップ

　「取得」のように、税法が特段の定義なく用いているために、解釈を要する文言として、例えば、「譲渡」があります。

　税法上の「譲渡」は、私法上「譲渡」という名称が付されていない行為も、これに該当することがあります。

　例えば、外国子会社合算税制において、外国企業を買収した場合に、その傘下に存在するペーパー・カンパニー等の整理に当たって生ずる一定の株式譲渡益について、合算課税の対象としない措置が講じられています（国税庁2019、p. 18）。

　これを次図でいえば、S1社を買収した場合に、S2社の整理に当たって生ずるS3株譲渡益について、合算課税の対象としない措置が講じられている、ということです。

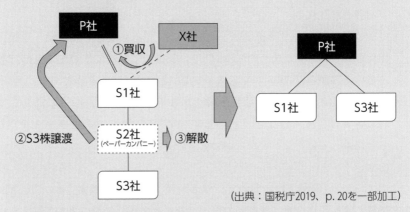

（出典：国税庁2019、p. 20を一部加工）

　この措置における「譲渡」について、立法担当者は、次のとおり解説されています。

平成30年度　税制改正の解説

　「『譲渡』は、株式の売却のほか、合併・分割・現物出資若しくは現物分配による保有株式の移転、株式交換若しくは株式移転による保有株式の交換など、法人税の取扱いにおいて譲渡と認識されるものが該当します」（財務省2018、p. 686）。

　他方で、私法上「譲渡」とされる行為が、税法上は「譲渡」に当たらない例もあります。

　例えば、法人税基本通達 2 − 1 −18は、次のとおり定めています。

法人税基本通達
（固定資産を譲渡担保に供した場合）
2 − 1 −18　法人が債務の弁済の担保としてその有する固定資産を譲渡した場合において、その契約書に次の全ての事項を明らかにし、自己の固定資産として経理しているときは、その譲渡はなかったものとして取り扱う。この場合において、その後その要件のいずれかを欠くに至ったとき又は債務不履行のためその弁済に充てられたときは、これらの事実の生じたときにおいて譲渡があったものとして取り扱う。
　⑴　当該担保に係る固定資産を当該法人が従来どおり使用収益すること。
　⑵　通常支払うと認められる当該債務に係る利子又はこれに相当する使用料の支払に関する定めがあること。
　（注）　形式上買戻条件付譲渡又は再売買の予約とされているものであっても、上記のような条件を具備しているものは、譲渡担保に該当する。

　この通達は、固定資産を譲渡担保に供した場合において、債務者が賃借契約により目的物を引き続き占有し使用するときは、経済的実質において通常の担保権の場合と異ならないところから、税務上はその譲渡はなかったものとして取り扱うこととしているものです（髙橋2021、p. 155）。

4　エピローグ

学生　税法の概念は、日本法で解釈して、当事者間の法律関係は、準拠法である外国法で考えて、両者の橋渡しをする、ということですか。
教授　そうですね。税法、日本法、外国法の理解が必要になるところで、実際にこのような事案に出会った場合には、現地の法律専門家や日本

の法律専門家との協働が必要でしょう。もっとも、税務専門家として
も、このような問題意識は持っておきたいところです。

学生 【事例2】の事実関係の(3)と(7)で、"purchase" と "title" が英語
のままなのはなぜですか。辞書で調べましたが、文脈上、"purchase"
は「購入」、"title" は「所有権」がピッタリな訳だと思いました。

教授 「購入」や「所有権」と訳した時点で、日本法に置き換わっていま
すね。でも、NY州法では、別の意味で使われているかもしれませ
ん[※3]。

　東京地裁平成28年判決の事案でも、納税者は、"purchase" を「償
還」と、"title" を「担保権」と訳すべき、と主張しました。結果と
して、"purchase" は「購入」、"title" は「所有権」でよかったわけ
ですが、それは、裁判所がNY州法や契約内容を検討した結果導き出
した答えです。

学生 英文契約書は、まず、和訳しなければ、と思っていましたが、外国
法が準拠法になっている場合は、和訳自体も慎重に検討しなければな
らない、ということですか。

教授 そうですね。まさにご理解のとおりです。

参考文献等

静岡地裁平成19年判決：静岡地判平成19年3月23日（D1-Law.com 判例体系／判例 ID
28162945）

東京高裁平成19年判決：東京高判平成19年10月10日（D1-Law.com 判例体系／判例 ID
28163068）

東京地裁平成28年判決：東京地判平成28年7月19日（D1-Law.com 判例体系／判例 ID
29019580）

浅妻2011：浅妻章如「海外不動産の贈与の時は平成12年4月1日以降であるとした
事例」速報税理30巻1号 pp. 26-29（2011）

[※3] 東京地裁平成28年判決によると、NY州UCCは、「"purchase" とは、売買、割引、交渉、譲
渡担保、質、リーエン（lien）、担保権、発行又は再発行、贈与又は財産権を創設する他の任意の
取引を含む」と規定しています。

横溝2017：横溝大「判批」ジュリ1511号 pp. 150-153（2017）

財務省2018：財務省「平成30年度　税制改正の解説」
（https：//warp.da.ndl.go.jp/info：ndljp/pid/11344177/www.mof.go.jp/tax_policy/tax
_reform/outline/fy2018/explanation/index.html）

国税庁2019：国税庁「外国子会社合算税制に関する Q&A（平成29年度改正関係等）」
（https：//www.nta.go.jp/law/joho-zeikaishaku/hojin/180111/pdf/01.pdf）

髙橋2021：髙橋正朗『法人税基本通達逐条解説　【十訂版】』税務研究会出版局（2021）

第14講

国際税務（2）
租税条約と所得の源泉地

1 プロローグ

> **教授** 例えば、イタリア法人の役員である日本人が、日本において役務提供を行い、役員報酬を受けたとします。そして、その役員報酬に対しては、イタリアにおいて所得税が課されるとします。我が国における課税関係の検討は、どこから始めますか。
>
> **学生** 日本・イタリア租税条約の役員報酬条項で、課税権がどちらの国に配分されているかを確認します。
>
> **教授** 租税条約の検討の前にやるべきことはありませんか。
>
> **学生** 国内税法の課税関係を確認します。
>
> **教授** そうですね。まずは、国内税法の課税関係を確認した上で、それが租税条約によって修正されるか否かを検討することになります。具体的な事例を題材にして、一連の流れを確認してみましょう。

2 イタリア法人の日本人役員が受ける報酬の源泉地

2.1 事例

【事例 1 】

後記(6)の下線部の根拠法令（国内税法）は何か。

(1) 甲は、日本の居住者（非永住者以外）である。

(2) 甲は、イタリアの法人（A 社）の役員である。

(3) 甲は、日本で役員としての役務提供を行い、役員報酬（以下「**本件役員報酬**」という）を受け取る。

(4) 本件役員報酬は、日本において、所得税が課される。

(5) 本件役員報酬は、イタリアにおいても、所得税が課される。

(6) <u>本件役員報酬は「国外源泉所得」に該当し、日本の外国税額控除の適用上、控除限度額が設定され、二重課税が排除される。</u>

   なお、上記の「控除限度額」は、次の算式により計算される。

《算式》

$$\text{所得税の控除限度額} = \text{その年分の所得税額} \times \frac{\text{その年分の調整国外所得金額}^{*1}}{\text{その年分の所得総額}}$$

■関係法令等

> 所得税法
> （外国税額控除）

※ 1　「その年分の調整国外所得金額」とは、純損失又は雑損失の繰越控除や上場株式等に係る譲渡損失の繰越控除などの各種繰越控除の適用を受けている場合には、その適用前のその年分の国外所得金額（非永住者については、国外所得金額のうち国内において支払われ、又は国外から送金された国外源泉所得に係る部分に限ります）をいいます。ただし、国外所得金額がその年分の所得総額に相当する金額を超える場合は、その年分の所得総額に相当する金額となります（国税庁HP「タックスアンサー」No. 1240）。

第95条 （略）

2・3 （略）

4 第1項に規定する国外源泉所得とは、次に掲げるものをいう。

　一〜九

　十　次に掲げる給与、報酬又は年金

　　イ　俸給、給料、賃金、歳費、賞与又はこれらの性質を有する給与その他人的役務の提供に対する報酬のうち、国外において行う勤務その他の人的役務の提供（内国法人の役員として国外において行う勤務その他の政令で定める人的役務の提供を除く。）に基因するもの

　　ロ　外国の法令に基づく保険又は共済に関する制度で第31条第1号及び第2号（退職手当等とみなす一時金）に規定する法律の規定による社会保険又は共済に関する制度に類するものに基づいて支給される年金（これに類する給付を含む。）

　　ハ　第30条第1項（退職所得）に規定する退職手当等のうちその支払を受ける者が非居住者であった期間に行った勤務その他の人的役務の提供（内国法人の役員として非居住者であつた期間に行った勤務その他の政令で定める人的役務の提供を除く。）に基因するもの

　十一〜十五　（略）

　十六　第2条第1項第8号の4ただし書に規定する条約（以下この号及び第6項から第8項までにおいて「**租税条約**」という。）の規定により当該租税条約の我が国以外の締約国又は締約者（第7項及び第8項において「**相手国等**」という。）において租税を課すことができることとされる所得のうち政令で定めるもの

　十七　（略）

5〜16　（略）

日伊租税条約
第16条

　一方の締約国の居住者が他方の締約国の居住者である法人の役員の資格で取得する報酬に対しては、当該他方の締約国において租税を課することができる。

第23条

(1)　日本国の居住者がこの条約の規定に従ってイタリアにおいて租税を課される所得をイタリアにおける源泉から取得するときは、その所得について納付されるイタリアの租税の額は、その居住者に対して課される日本国の租税から控除される。ただし、その控除の額は、日本国の租税の額のうちその所得に対応する部分をこえないものとする。

(2)　イタリアの居住者が日本国において租税を課される所得を有するときは、イタリアは、その者について第2条に掲げる所得税の額を算定するに際し、この条約の明文の規定による別段の定めがある場合を除くほか、当該所得をその租税の課税対象に含ませることができる。

この場合において、イタリアは、算出された租税の額から日本国において納付された租税の額を控除する。ただし、その控除の額は、イタリアの租税の額のうち全所得に対する当該所得の割合に相当する部分を超えないものとする。

もっとも、その控除は、イタリアの法令に基づき当該所得が取得者の申請によりイタリアにおいて源泉分離課税の対象となる場合には、認められない。

2.2　検 討

2.2.1　問題の所在

(1)　国内税法の規定

日本の所得税法上、居住者（非永住者以外）は、国内外において生じた全ての所得に対して課税されます（所法7①）。

したがって、甲は、日本において、本件役員報酬に対して課税されます。

また、甲は、イタリアにおいても、本件役員報酬に対して課税されることが前提となっています。

このように、本件役員報酬に対しては、国際的な二重課税が生じることとなります。

⑵　日伊租税条約※2の規定

上記⑴の二重課税が、日伊租税条約の役員報酬条項によって排除される、ということはないでしょうか。

この点、日伊租税条約16条は、次のとおり規定しています。

日伊租税条約
第16条
　一方の締約国の居住者が他方の締約国の居住者である法人の役員の資格で取得する報酬に対しては、当該他方の締約国において租税を課することができる。

この規定中、「一方の締約国」を「日本国」と、「他方の締約国」を「イタリア」と読み替えると、この規定のポイントは、次のとおりです。

● 日本国の居住者が、イタリアの居住者である法人の役員の資格で取得する報酬に対しては、イタリアにおいて租税を課することができる。

【事例1】の事実関係に照らして、これに言葉を補うと、次のとおりです。

● 日本国の居住者 〔*甲*〕 が、イタリアの居住者である法人 〔*A社*〕 の役員の資格で取得する報酬 〔***本件役員報酬***〕 に対しては、イタリアにおいて租税を課することができる。

このように、日伊租税条約16条は、本件役員報酬に対して、イタリアが所得税を課すことを認めており、イタリアの課税権は、日伊租税条約によって制限されません。

したがって、上記⑴の二重課税は、日伊租税条約の役員報酬条項によっては排除されないこととなります。

※2　正式名称を「所得に対する租税に関する二重課税の回避のための日本国とイタリア共和国との間の条約」といいます。

2.2.2　外国税額控除制度

　国際的な二重課税の排除方式として、外国税額控除制度があります。

　もし、本件役員報酬が「国外源泉所得」に該当し、日本の外国税額控除の適用上、控除限度額が設定されるならば、二重課税が排除されることとなります。

　そこで、以下、この点について検討します。

⑴　所得税法95条 4 項10号の規定

　所得税法95条 4 項各号は、所得の種類ごとに、「国外源泉所得」となるものを掲げています。

　このうち、10号イの「俸給、給料、賃金、歳費、賞与又はこれらの性質を有する給与その他人的役務の提供に対する報酬」は、「国外において行う」ことが要件とされています。

　この点、【事例 1 】で、「甲は、日本で役員としての役務提供を行い・・・」ということですから、本件役員報酬は、10号イの「国外において行う」の要件に該当しません。

　また、本件役員報酬は、10号ロ・ハに掲げるものにも該当しません。

　したがって、ここまでの検討では、本件役員報酬は「国外源泉所得」に該当しないことから、外国税額控除の控除限度額が設定されず、本件役員報酬に対する二重課税は排除されないこととなります。

⑵　所得税法95条 4 項16号の規定

　それでは、本件役員報酬に対する二重課税は、どのようにして排除されるのでしょうか。

　この点、所得税法95条 4 項16号は、次のとおり規定しています。

所得税法
（外国税額控除）
第95条　（略）
 2 ・ 3 　（略）
 4 　第 1 項に規定する国外源泉所得とは、次に掲げるものをいう。

> 十六　第2条第1項第8号の4ただし書に規定する条約（以下この号及び第
> 　　6項から第8項までにおいて「租税条約」という。）の規定により当該租税
> 　　条約の我が国以外の締約国又は締約者（第7項及び第8項において「相手
> 　　国等」という。）において租税を課することができることとされる所得のう
> 　　ち政令で定めるもの
>
> 5～16　（略）

　また、この規定を受けて、所得税法施行令225条の13は、次のとおり規定し
ています。

所得税法施行令
（相手国等において租税を課することができることとされる所得）
第225条の13　法第95条第4項第16号（外国税額控除）に規定する政令で定める
　ものは、同号に規定する相手国等において外国所得税が課される所得とする。

　これらの規定の内容をまとめると、次のとおりです。

●租税条約の規定により条約相手国等において租税を課することができるこ
　ととされる所得のうち、条約相手国等において外国所得税が課される所得
　は、「国外源泉所得」に該当する

【事例1】の事実関係に照らして、これに言葉を補うと、次のとおりです。

●租税条約の規定〔*日伊租税条約16条*〕により条約相手国等〔*イタリア*〕
　において租税を課することができることとされる所得〔*本件役員報酬*〕の
　うち、条約相手国等〔*イタリア*〕において外国所得税が課される所得〔*本
　件役員報酬*〕は、「国外源泉所得」に該当する。

　このように、本件役員報酬は、所得税法95条4項16号に掲げる「国外源泉所
得」に該当することになります。

　したがって、【事例 1 】の「本件役員報酬は『国外源泉所得』に該当し」の根拠法令（国内税法）としては、所得税法95条 4 項16号を挙げることができます。

2.3 結 論

　根拠法令（国内税法）は、所得税法95条 4 項16号です。

♀ クローズアップ

　所得税法95条 4 項16号の趣旨について、立法担当者は、次のとおり解説されています。

> **平成23年度　税制改正の解説**
> 　「源泉地の置換え規定を設けていない租税条約を締結している条約相手国等との間では、国内法上、わが国で役務提供が行われたことに基づいて受けるその役員報酬は『国外源泉所得』に該当しないことから、外国税額控除の控除限度額が設定されず、わが国において外国税額控除を適用することができませんでした。
> 　そこで租税条約により条約相手国等に課税を認めた所得について外国税額控除が適用されないことは、国際的な二重課税を適切に排除するとの租税条約の趣旨に照らしても適当ではないことから、このような所得については『国外源泉所得』に該当するものとして外国税額控除の対象とすることとされました」（財務省2011、p.500）

3　非居住者の適格ストックオプション行使益に対する課税権

3.1　事 例

【事例2】

後記(2)のハの更正の請求は認められるか。

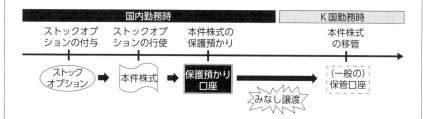

(1)　**国内勤務時**

　イ　内国法人B社の役員である乙は、B社から、税制適格ストック
　　オプションを付与された。

　ロ　乙は、上記イの税制適格ストックオプションの一部（以下「**本件
　　新株予約権**」という）を適格に行使した。

　ハ　乙は、上記ロの行使により取得した株式（以下「**本件株式**」とい
　　う）を措置法に規定する要件を満たしたX証券の保護預り口座に
　　おいて保護預かりとした※3。

(2)　**K国勤務時**

　イ　乙は、その後、その住所をK国へ移動し、これに伴い、本件株
　　式は、X証券の保護預り口座からY社の保管口座へと移管された
　　（以下、この移管があった日を「**本件移管日**」という）※4。

※3　本件株式は、B社の発行済株式総数の約0.5%であるものとします。また、B社は、製造業を
　　営み、その保有資産の総額のうちに国内不動産の価額の占める割合は約15%であるものとします。
※4　乙は、本件移管日において、日本国内に恒久的施設を有していなかったものとします。

ロ 乙は、上記イの本件株式の移管が、措置法に規定する「みなし譲
渡」に該当するとして、次図のとおり計算した「本件権利行使益」
を株式等の譲渡に係る譲渡所得金額として、×1年分の所得税の確
定申告をした[5]。

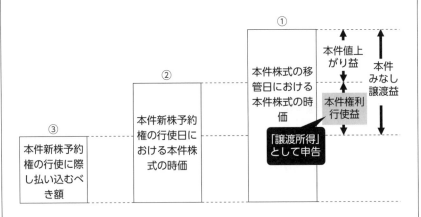

ハ 乙は、×1年分の所得税について、本件権利行使益は、K国の居
住者になった後に生じたキャピタルゲインであり、日本国では課税
されないとして、更正の請求をした。

■関係法令等

日本・K国租税協定
第3条
2 一方の締約国によるこの協定の適用上、この協定において定義され
ていない用語は、文脈により別に解釈すべき場合を除くほか、この協
定の適用を受ける租税に関する当該一方の締約国の法令における当該
用語の意義を有するものとする。

---

[5] 税制適格ストックオプションには保管委託要件があり、ストックオプションの行使により取得
する株式は、金融商品取引業者等の営業所に保管の委託がされることが必要となります。そし
て、保管委託の解約等があった場合には、当該株式の譲渡があったものとみなして課税されま
す。この「みなし譲渡課税」は、「通常であれば保管替えを実際の譲渡の直前の行為とみること
ができるため、保管替えのタイミングで特定株式が譲渡されたものとみなして、譲渡課税を行う
制度である」（加藤2018、p. 151）ということができます。

第13条

1　一方の締約国の居住者が第６条に規定する不動産で他方の締約国内に存在するものの譲渡によって取得する収益に対しては、当該他方の締約国において租税を課することができる。

2　一方の締約国の企業が他方の締約国内に有する恒久的施設の事業用資産の一部を成す財産の譲渡又は一方の締約国の居住者が独立の人的役務を提供するため他方の締約国内においてその用に供している固定的施設に係る財産の譲渡から生ずる収益に対しては、当該他方の締約国において租税を課することができる。

3　一方の締約国の居住者が国際運輸に運用する船舶又は航空機及びこれらの船舶又は航空機の運用に係る財産の譲渡によって取得する収益に対しては、当該一方の締約国においてのみ租税を課することができる。

4　第２項の規定が適用される場合を除くほか、
 (a)　一方の締約国内に存在する不動産を主要な財産とする法人の株式又は一方の締約国内に存在する不動産を主要な財産とする組合等の持分の譲渡から生ずる収益に対しては、当該一方の締約国において租税を課することができる。
 (b)　一方の締約国の居住者が他方の締約国の居住者である法人の株式の譲渡によって取得する収益に対しては、①当該譲渡者が保有し又は所有する株式（当該譲渡者の特殊関係者が保有し又は所有する株式で当該譲渡者が保有し又は所有するものと合算されるものを含む。）の数が、当該課税年度中のいかなる時点においても当該法人の株式の総数の少なくとも25％であること、②当該譲渡者及びその特殊関係者が当該課税年度中に譲渡した株式の総数が、当該法人の株式の総数の少なくとも５％であることを条件として、当該他方の締約国において租税を課することができる。

5　第１項から第４項までに規定する財産以外の財産の譲渡から生ずる収益に対しては、譲渡者が居住者である締約国においてのみ租税を課することができる。

3.2　検 討

3.2.1　国内税法の規定

⑴　平成29年裁決について

　平成29年裁決は、【事例 2 】と同様の事案で、まず、国内税法上の取扱いについて、次のとおり説示しています。

平成29年 8 月22日裁決

⑶　当てはめ

　イ　❶請求人は・・・日本の居住者であった時に、税制適格ストックオプションの付与を受け、その税制適格ストックオプションを行使して、本件株式を取得した。本件株式は・・・税制適格ストックオプションの行使により取得し、保管の委託等がされていたものであることから、特定株式に該当する。そして、本件株式については・・・本件移管日において請求人名義の保管口座に移管されたが、この移管は〔措置法に規定する〕移転に該当することから、本件移管日において、本件株式の同日における価額により譲渡があったものとみなして、所得税に関する法令の規定が適用されることとなる。この場合、本件株式の取得価額は・・・本件権利行使価額であり、本件移管日において生じた本件みなし譲渡益について、所得税の規定が適用される。

　ロ　そして、❷請求人は・・・本件移管日において恒久的施設を有しない非居住者であるから、特定株式である本件株式に係る本件みなし譲渡益は・・・国内源泉所得であり、その所得は所得税法第161条第 1 号〔現　同条第 1 項第 3 号〕に規定する資産の譲渡により生ずる所得（譲渡所得）となる。

　ハ　そうすると、❸本件みなし譲渡益は、株式等の譲渡により生じた国内源泉所得であるから・・・その全体について15％の税率を適用して分離課税の対象となる。

　ニ～ヘ　（略）

　裁決文の❶～❸のポイントは、それぞれ次のとおりです。

❶：本件株式については、措置法上、本件移管日において譲渡があったものとみなして、所得税法の規定が適用される。

❷：本件みなし譲渡益は、所得税法161条1項3号に規定する資産の譲渡により生ずる所得（国内源泉所得）に該当する。

❸：本件みなし譲渡益は、その全体が課税の対象となる。

上記❸のイメージを図に示すと、**図表1**のとおりです。

図表1

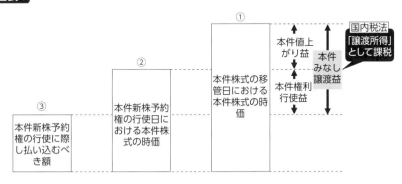

⑵　【事例2】について

　乙も、平成29年裁決と同様の理由で、国内税法上は、本件みなし譲渡益の全体について課税を受けることになります。

3.2.2　租税条約の規定

⑴　平成29年裁決について

　上記 **3.2.1** の⑴の国内税法上の課税関係は、日本・K国租税協定によって修正されるのでしょうか。

　この点について、平成29年裁決は、【事例2】と同様の事案で、次のとおり説示しています。

平成29年8月22日裁決

⑵　法令解釈等

　イ　（略）

　ロ　〔日本・K国〕租税協定について

(イ)　(略)

(ロ)・・・**❶**措置法第29条の2第4項の規定による特定株式のみなし譲渡に伴う株式等の値上がり益は、実際の譲渡により生じたものではないところ、〔日本・K国〕租税協定には、同協定第13条の譲渡(alienation)について具体的な定義はないが、①同協定第3条第2項によると、同協定に定義されていない用語は日本国における同協定の適用上、所得税に関する日本国の法令における意義を有するものであると解され、みなし譲渡についても所得税法等の譲渡に関する法令の規定を適用するとされること、②このようなみなし譲渡が同協定第13条の譲渡に含まれないと明示する規定が存在しないことからすると、措置法第29条の2第4項の規定によるみなし譲渡は、〔日本・K国〕租税協定第13条の譲渡に含まれると解するのが相当である。

(ハ)　次に、特定株式のみなし譲渡に係る譲渡所得が、税制適格ストックオプションの権利行使益及び権利行使時から特定株式の譲渡時までの株式値上がり益から構成されている場合の課税関係について検討する。

A　**❷**〔日本・K国〕租税協定においては、日本の居住者である時に税制適格ストックオプションの付与を受け、K国の居住者(日本の非居住者)となった後にその税制適格ストックオプションを権利行使した場合の権利行使益については、本来の性質が給与所得であるため、原則として居住地国(K国)に課税権があり、当該個人が従業員の場合は、その勤務が日本国で行われる期間に対応する部分について(同協定第15条第1項)、当該個人が役員の場合は、その法人が日本国の法人である場合に(同協定第16条)、日本国に課税権が配分されることとなる。

しかしながら、**❸**日本の居住者であった時に税制適格ストックオプションの付与及び権利行使が行われた場合には、居住地国である日本にその税制適格ストックオプションの権利行使益に対する課税権が認められるところ・・・その権利行使時には課税が留保される(課税が繰延べされる)。そして、その後、その者が出国し・・・特定株式の移転によるみなし譲渡課税がされる場合であっても、当該留保した課税権について、〔日本・K国〕租税協定(第15条、第16条及び第21条)をみても、日本国の課税権を制限する規定は見当たらない。

B　一方、**❹**税制適格ストックオプションの権利行使時から譲渡時までに生じた値上がり益については、〔日本・K国〕租税協定第13条第5項の規定により、同条第1項ないし第4項に該当する場合を除き、居住地

国にのみ課税権が配分されると解される。

C なお、5上記解釈は、モデル条約第15条に関するコメンタリー第12.2、3及び4パラグラフ並びに同第16条に関するコメンタリーの第3.1パラグラフに照らしても相当と解される。

(ニ) そうすると、・・・国内法では、権利行使益及び権利行使時から譲渡時までに生じた値上がり益の全てを日本国で譲渡益として課税することとしているところ、上記(ハ)のとおり、日本の居住者であった時に税制適格ストックオプションの付与及び権利行使が行われた場合には、居住地国である日本国にその税制適格ストックオプションの権利行使益に対する課税権が認められ、その後その者が出国し、K国の居住者（日本の非居住者）となった以後、みなし譲渡課税がされることとなる場合について、〔日本・K国〕租税協定では、その権利行使益について日本国の課税権を制限していないことから、日本国に課税権があり、さらに、権利行使時から譲渡時までに生じた値上がり益については居住地国にのみ課税権が配分されることとなる。

(3) 当てはめ

イ～ハ (略)

ニ ・・・上記(2)のロの(ニ)のとおり、6本件権利行使益については、本件各権利行使日における居住地国である日本国に課税権が認められ、〔日本・K国〕租税協定は日本国の課税権を制限していないから、課税権は日本国にある。

ホ 一方、7本件みなし譲渡益のうち、本件値上がり益については、当審判所の調査の結果によっても、〔日本・K国〕租税協定第13条第1項ないし第4項に該当する事実等は認められないことから、同条第5項に該当し、K国にのみ課税権が配分されることになる。

ヘ 上記ニにより、本件みなし譲渡益のうち本件権利行使益については、日本国で課税を受けることとなる。したがって、本件権利行使益は、・・・措置法第37条の12第1項の規定により、15%の税率で分離課税の対象となる。

裁決文の1～7のうち、結論に当たる6・7の要旨は、それぞれ次のとおりです。

6：本件権利行使益については、日本・K 国租税協定は日本国の課税権を制限していないから、課税権は日本国にある。

7：本件値上がり益については、日本・K 国租税協定13条 5 項に該当し、K国にのみ課税権が配分される。

すなわち、上記 **3.2.1** の(1)の国内税法上の課税関係は、日本・K 国租税協定によって、上記**6**・**7**のとおり修正されます。

このイメージを図に示すと、**図表 2** のとおりです。

図表 2

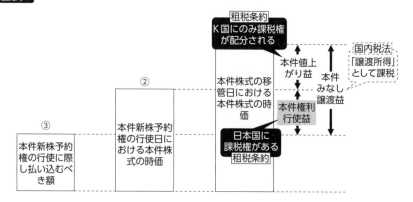

また、裁決文の**1**〜**7**のうち、理由付けに当たる**1**〜**5**の要旨は、それぞれ次のとおりです。

1：措置法の規定による「みなし譲渡」は、日本・K 国租税協定13条の「譲渡」に含まれる。

2：仮に、税制適格ストックオプションの付与を受けたのが出国**前**、権利行使をしたのが出国**後**である場合には、「権利行使益」は、日本・K 国租税協定上、次のとおり取り扱われる。

(1) 本来の性質が給与所得であるため、原則として、居住地国（K国）に課税権がある

(2) 従業員の場合は、その勤務が日本国で行われる期間に対応する

部分について、日本国に課税権が配分される。

(3) 役員の場合は、その法人が日本国の法人である場合に、日本国に課税権が配分される。

3：本件のように、税制適格ストックオプションの付与を受けたのも、権利行使をしたのも、出国**前**である場合における取扱いは、次のとおりである。

(1) 日本国に「権利行使益」に対する課税権が認められるが、その権利行使時には、課税が留保される

(2) その後、その者が出国し、保護預り口座からの移管による「みなし譲渡」課税がされる場合であっても、日本国が留保した課税権を制限する規定は、日本・K国租税協定に見当たらない

4：日本・K国租税協定上、税制適格ストックオプションの「値上がり益」は、原則として、居住地国にのみ課税権が配分される。

5：上記解釈は、OECD モデル租税条約コメンタリーに照らしても相当と解される。

⑵ 【事例2】について

上記 **3.2.1** の⑵の国内税法上の課税関係も、平成29年裁決と同様の理由で、日本・K国租税協定によって、次のとおり修正されます。

● 本件みなし譲渡益のうち、本件権利行使益については、日本国で課税を受ける。

● 本件みなし譲渡益のうち、本件値上がり益については、K国にのみ課税権が配分される。

♀ クローズアップ

1 平成29年裁決は、「〔税制適格ストックオプション〕の権利行使時には

　課税が留保される（課税が繰延べされる）」と説示しています。

　　この点、立法担当者も、ストックオプション税制について、「課税繰
　延べ措置等を認めることとし・・・ました」（梶川ほか1998、p. 145）
　と解説されています。

2　金子宏名誉教授は、「〔税制適格ストックオプション〕の行使によって
　取得した株式を譲渡した場合には、それによる所得は、一般に譲渡所得
　であると解されているが、二重利得法※6を採用して、行使時までの増加
　益は給与所得であり、それ以降の増加益のみが譲渡所得であると解する
　ことも可能である」（〔　〕内引用者）（金子2021、p. 250）と述べておら
　れます。

　　平成29年裁決が、「税制適格ストックオプションを権利行使した場合
　の権利行使益については、本来の性質が給与所得である」と説示してい
　るのは、「二重利得法」の考えを採用するものであると評価することも
　可能です（藤岡2018、p. 11）。

3　日本・K国租税協定3条2項は、「この協定において定義されていな
　い用語は、文脈により別に解釈すべき場合を除くほか・・・一方の締約
　国の法令における当該用語の意義を有するものとする」と規定していま
　す。

　　平成29年裁決は、措置法の規定による「みなし譲渡」について、日本・
　K国租税協定3条2項を根拠として、「〔日本・K国〕租税協定第13条の
　譲渡に含まれると解するのが相当である」と説示していますが、この説
　示については、他方で、「『文脈により別に解釈すべき場合』についても
　検討すべきであった」（加藤2018、p. 153）との指摘があります。

※6　金子宏名誉教授は、「二重利得法」について、「たとえば、地主がその所有地を現状のまま一回
　　的・散発的に譲渡した場合は、譲渡所得が生ずるが、それを宅地として造成して分譲した場合な
　　どは・・・事業所得または雑所得が生ずる・・・しかし、宅地の造成に着手した時期、または反
　　復・継続的譲渡を開始した時期までの増加益はキャピタル・ゲインであるから、この場合の譲渡
　　益の中には譲渡所得と事業所得ないし雑所得の両方が含まれていると解すべきである。したがっ
　　て、その全体を事業所得または雑所得として課税するのは妥当でなく、譲渡所得と事業所得ない
　　し雑所得とに分けて課税すべきであろう。この課税の仕方を『二重利得法』と呼ぶことにする」
　　と述べておられます（金子2021、p. 271）。

3.2.3 OECD モデル租税条約コメンタリーの法的性格

上記 **3.2.2** の(1)の**5**のとおり、平成29年裁決は、OECD モデル租税条約コメンタリーを参照しています。

この点、コメンタリーの法的性格については、最高裁平成21年判決が、次のとおり判示しています。

最高裁平成21年10月29日判決

日星租税条約は、経済協力開発機構（OECD）のモデル租税条約に倣ったものであるから、同条約に関して OECD の租税委員会が作成したコメンタリーは、条約法に関するウィーン条約（昭和56年条約第16号）32条にいう「解釈の補足的な手段」として、日星租税条約の解釈に際しても参照されるべき資料ということができる。

最高裁平成21年判決は、平成29年裁決でも引用されており、コメンタリーの法的性格をめぐる納税者の主張を、次のとおり排斥しています。

平成29年 8 月22日裁決

請求人は・・・モデル条約及びコメンタリーは国際課税の共通ルール等でなく、何ら法的拘束力も有しない旨主張するが・・・コメンタリーは「『解釈の補足的な手段』として、日星租税条約の解釈に際しても参照されるべき資料ということができる」と解されることから、請求人の主張は採用できない。

🔍 クローズアップ

平成29年裁決の事案において、K 国は、本件株式の「みなし譲渡」の日において、OECD に加盟していませんでした。

そうすると、日本・K 国租税協定の解釈に際して、OECD モデル租税条約コメンタリーを参照することは適切でないという考えもあり得るところです。

この点について、平成29年裁決は、次のとおり説示しています。

平成29年 8 月22日裁決

　請求人は・・・〔日本・K国〕租税協定がモデル条約を参考にして締結されたとしても、K国は本件移管日においてOECDには加盟しておらず、同協定締結時の同協定における解釈を踏襲すべき旨・・・主張する。

　しかしながら、モデル条約の各条項及びコメンタリーについては、非加盟国であっても加盟国と同様に同意し得ない箇所を明示して意見を表明することができるとされているところ、K国は、20XX年（平成×1年）のモデル条約及びコメンタリーについて数十項目の意見表明を行っているものの、同条約第13条、第15条及び第16条並びにこれらのコメンタリーについては一切意見表明がないこと、また・・・同条約第13条第 5 項、第15条第 1 項及び第16条は、それぞれ〔日本・K国〕租税協定第13条第 5 項、第15条第 1 項及び第16条と同様の規定となっていることから、同協定締結後に示された同条約の規定及び解釈が同協定の内容と異なることを前提とする請求人の主張は採用できない。

3.3　結　論

　本件権利行使益については、日本国で課税を受けることとなるので、乙の更正の請求は認められません（平成29年裁決）。

🔍クローズアップ

日米租税条約14条は、次のとおり規定しています。

日米租税条約
第14条

1　次条、第17条及び第18条の規定が適用される場合を除くほか、一方の締約国の居住者がその勤務について取得する給料、賃金その他これらに類する報酬に対しては、勤務が他方の締約国内において行われない限り、当該一方の締約国においてのみ租税を課することができる。勤務が他方の締約国内において行われる場合には、当該勤務から生ず

る報酬に対しては、当該他方の締約国において租税を課することがで
きる。
2・3　（略）

また、この規定について、日米租税条約議定書10は、次のとおり定めて
います。

日米租税条約議定書
10(a)　条約第14条に関し、ストックオプション制度に基づき被用者が享
受する利益でストックオプションの付与から行使までの期間に関連
するものは、同条の適用上「その他これらに類する報酬」とされる
ことが了解される。
(b)　（略）

平成29年裁決は、日本・K国租税協定には、上記のような定めがないに
もかかわらず、同様の結論を解釈で導いたともいえます（藤岡2018、
p. 11）。

4　エピローグ

学生　平成29年裁決の「当てはめ」は、国内税法の課税関係を確認した上
で、それが租税条約によって修正されるか否かを検討する、という構
成になっていました。
教授　そうですね。租税条約の解釈を争点とする事案が少ない中、平成29
年裁決は、租税条約の解釈の方法を考える上で、いろいろと参考にな
る部分も多いように思います。
学生　ただ、コメンタリーの位置付けが気になりました。コメンタリーを
直接参照するのではなく、まず、租税条約の解釈を示した上で、その
解釈を確認するためにコメンタリーを参照しているようです。
教授　コメンタリーの法的性格は、「解釈の補足的な手段」とされている

ので、審判所としては、法令のように直接参照する、というわけには
いかなかったのではないでしょうか。もっとも、租税条約の条文は、
事細かに規定されているわけではなく、また、締約国間で解釈に差も
生じ得るので、コメンタリーは、納税者にとって、解釈の際の有効な
手段になるとは思います。

参考文献等

最高裁平成21年判決：最判平成21年10月29日裁判所 HP 参照（平成20年（行ヒ）91号）

平成29年裁決：国税不服審判所裁決平成29年8月22日審判所 HP 参照

梶川ほか1998：梶川幹夫ほか『平成10年度　改正税法のすべて』大蔵財務協会（1998）

財務省2011：財務省「平成23年度　税制改正の解説」

（https：//warp.da.ndl.go.jp/info：ndljp/pid/9551815/www.mof.go.jp/tax_policy/tax_
　reform/outline/fy2011/explanation/index.html）

藤岡2018：藤岡祐治「非居住者の税制適格ストックオプションの権利行使益に対す
　る課税」ジュリスト1524号 pp. 10-11（2018）

加藤2018：加藤友佳「税制適格ストックオプション行使益の源泉地」ジュリスト1525
　号 pp. 150-153（2018）

金子2021：金子宏『租税法　第24版』弘文堂（2021）

第15講
原点に戻る
―条文をよく読む―

1　プロローグ

教授　条文に「配当等の額」と書いてあった場合、何を思い浮かべますか。

学生　「配当」という概念は、会社法からの借用概念だと思います。「等」が付いているので、これに準ずるものを含む、ということかもしれません。

教授　では、「外国子会社が支払を受ける『配当等の額』」という文脈で「配当等の額」と書いてあった場合、何を思い浮かべますか。

学生　外国子会社は、現地で決算を行って、税務申告しているはずです。ですので、現地の会計帳簿か税務申告書で「配当」と認識されているもの、という可能性も出てくると思います。

教授　確かに、「配当」という用語自体は借用概念ですし、外国法人の場合は、常に日本の税法に引き直すというのも現実的ではないので、現地の処理を受け入れる可能性もありそうです。でも、いったん原点に戻ってみましょうか。

2　外国関係会社が支払を受ける配当等の額

2.1　事 例

【事例1】

　措置令39条の17の2第2項1号イ(1)・(2)の「配当等の額」とは、具体的に何を意味するか。

租税特別措置法施行令
(外国関係会社に係る租税負担割合の計算)
第39条の17の2　法第66条の6第5項第1号に規定する政令で定めるところにより計算した割合は、外国関係会社（同条第2項第1号に規定する外国関係会社をいう。次項において同じ。）の各事業年度の所得に対して課される租税の額を当該所得の金額で除して計算した割合とする。
2　前項に規定する割合の計算については、次に定めるところによる。
　一　前項の所得の金額は、次に掲げる外国関係会社の区分に応じそれぞれ次に定める金額とする。
　　イ　ロに掲げる外国関係会社以外の外国関係会社
　　　　当該外国関係会社の各事業年度の決算に基づく所得の金額につき、その本店所在地国の外国法人税に関する法令（外国法人税に関する法令が2以上ある場合には、そのうち主たる外国法人税に関する法令）の規定（企業集団等所得課税規定（第39条の15第6項に規定する企業集団等所得課税規定をいう。以下この項において同じ。）を除く。以下この項において「**本店所在地国の法令の規定**」という。）により計算した所得の金額に当該所得の金額に係る(1)から(5)までに掲げる金額の合計額を加算した金額から当該所得の金額に係る(6)に掲げる金額を控除した残額
　　　(1)　その本店所在地国の法令の規定により外国法人税の課税標準に含まれないこととされる所得の金額（支払を受ける 配当等の 額 を除く。）
　　　(2)　その支払う 配当等の額 で損金の額に算入している金額

　　　　　(3)～(6)　（略）
　　ロ　（略）
　二～五　（略）

2.2　検　討

　外国子会社合算税制は、外国関係会社の租税負担割合が一定（ペーパーカンパニー等は30％、それ以外の外国関係会社は20％）以上の場合には、その適用が免除されます。

図表1

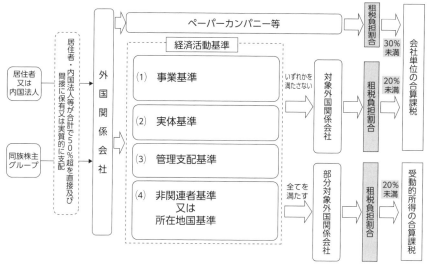

(出典：財務省2019、p.605を参考に作成)

　この「租税負担割合」の計算方法を規定するのが、措置令39条の17の2です。
　ところで、措置令39条の17の2第2項1号イ(1)・(2)に「配当等の額」という文言があります。
　しかし、その直前に、略称を定める「以下『配当等の額』という」という一文は見当たりません。

　また、措置令1条《用語の意義》2項の参照する措置法2条《用語の意義》
2項にも、定義は置かれていません。
　ここで考えられるのが、次のような可能性です。

1　「配当」は、日本の私法からの借用概念であり、日本の私法上「配当」と
　　される ものと一致する。
2　「配当」は、外国関係会社の所在地国の法令や会計基準により「配当」と
　　される ものを念頭に置いたものである。
3　「配当等の額」について、定義規定あるいは略称を定める一文がどこか
　　にある。

　これらの可能性のうち、まず、上記**3**の可能性を打ち消すべく、条文をさか
のぼって読んでいきます。
　まず、措置令39条の17です。

```
租税特別措置法施行令
(外国金融子会社等の範囲)
第39条の17　(略)
 2〜9　(略)
```

　この規定には、「配当等の額」という文言自体がありません。
　次に、措置令39条の16です。

```
租税特別措置法施行令
(実質支配関係の判定)
第39条の16　(略)
 2〜9　(略)
```

　この規定にも、「配当等の額」という文言自体がありません。
　そして、措置令39条の15です。

租税特別措置法施行令
（適用対象金額の計算）
第39条の15 （略）
　一～三　（略）
　四　当該各事業年度において子会社（他の法人の発行済株式等のうちに当該
　　外国関係会社が保有しているその株式等の数若しくは金額の占める割合又
　　は当該他の法人の発行済株式等のうちの議決権のある株式等の数若しくは
　　金額のうちに当該外国関係会社が保有している当該株式等の数若しくは金
　　額の占める割合のいずれかが100分の25（当該他の法人が次に掲げる要件を
　　満たす外国法人である場合には、100分の10）以上であり、かつ、その状態
　　が当該外国関係会社が当該他の法人から受ける<u>法人税法第23条第1項第1</u>
　　<u>号及び第2号に掲げる金額（同法第24条第1項の規定の例によるものとし</u>
　　<u>た場合にこれらの号に掲げる金額とみなされる金額に相当する金額を含</u>
　　<u>む。以下この条及び第39条の17の2第2項において「</u>配当等の額<u>」とい</u>
　　<u>う。）</u>の支払義務が確定する日（当該 配当等の額 が同法第24条第1項に規
　　定する事由に係る財務省令で定める 配当等の額 である場合には、同日の前
　　日。以下この号において同じ。）以前6月以上（当該他の法人が当該確定す
　　る日以前6月以内に設立された法人である場合には、その設立の日から当
　　該確定する日まで）継続している場合の当該他の法人をいう。）から受ける
　　配当等の額 （その受ける 配当等の額 の全部又は一部が当該子会社の本店
　　所在地国の法令において当該子会社の所得の金額の計算上損金の額に算入
　　することとされている 配当等の額 に該当する場合におけるその受ける 配
　　当等の額 を除く。）
　　　イ・ロ　（略）
　五　（略）
　2～10　（略）

　この規定には「配当等の額」という文言が複数あり、「配当等の額」は、上
記の下線部において略称として定められています。
　そして、上記の下線部において、「以下この条及び第39条の17の2第2項に
おいて『配当等の額』という」とされていることから、この略称の定めは、措
置令39条の17の2第2項にも及ぶことになります。

したがって、次の**1**～**3**の可能性のうち、**3**が正しかった、ということになります。

1 「配当」は、日本の私法からの借用概念であり、日本の私法上「配当」とされるものと一致する

2 「配当」は、外国関係会社の所在地国の法令や会計基準により「配当」とされるものを念頭に置いたものである

3 「配当等の額」について、定義規定あるいは略称を定める一文がどこかにある。

なお、上記の下線部によれば、「配当等の額」の範囲は、**図表2**のとおりです。

図表2

	区　分		備　考
①	法人税法23条1項1号に掲げる金額	剰余金の配当	株式会社及び協同組合等の剰余金の配当（会453、農業協同組合法52等）のうち、株式又は出資に係るものに限る※1。また、資本剰余金の額の減少に伴うもの並びに分割型分割によるもの及び株式分配を除く※2（財務省2009、p.429）。
		利益の配当	持分会社（合名会社、合資会社及び合同会社）及び特定目的会社の利益の配当（会621、資産流動化法114）をいう。ただし、分割型分割によるもの及び株式分配を除く（財務省2009、p.429）。
		剰余金の分配	相互会社及び船主相互保険組合の剰余金の分配（保険業法55の2、船主相互保険組合法42）のうち、出資に係るものに限る（財務省2009、p.429）。

※1　株式又は出資に係るものに限るのは、協同組合等の事業分量配当や従事分量配当を除く趣旨です（第一法規「コンメンタール法人税法 Digital」）。

※2　分割型分割によるもの及び株式分配を除くのは、分割対価資産の交付及び現物分配による株式の移転は、会社法上、剰余金の配当に該当するため、これと区別して組織再編成に係る税制の取扱いによることとするためです。また、資本剰余金の額の減少に伴うものは、みなし配当となります（第一法規「コンメンタール法人税法 Digital」）。

			出資等減少分配（法規 8 の 4 参照）を除く。これは、投資信託法137条に規定する金銭の分配には、投資口の払戻しに相当するものが混在しているため、剰余金の配当等に相当するものとする趣旨である（第一法規「コンメンタール法人税法Digital」）。
②	法人税法23条 1 項 2 号に掲げる金額	投資信託法137条の金銭の分配	
③	法人税法24条 1 項の規定の例によるものとした場合に①及び②に掲げる金額とみなされる金額に相当する金額	みなし配当	―

2.3　結　論

　措置令39条の17の 2 第 2 項 1 号イ(1)・(2)の「配当等の額」は、措置令39条の15第 1 項 4 号かっこ書に略称の定めが置かれており、具体的には、**図表 2** に掲げる金額をいいます。

3　外国関係会社の貸付けの用に供する航空機に係る償却費の額

3.1　事　例

【事例 2 】
　措置令39条の14の 3 第23項 3 号の「償却費の額」とは、具体的には何を意味するか。

　　　租税特別措置法施行令

（特定外国関係会社及び対象外国関係会社の範囲）

第39条の14の3　（略）

2〜22　（略）

23　法第66条の6第2項第3号イ(3)に規定する政令で定める要件は、次に掲げる要件とする。

一・二　（略）

三　外国関係会社の当該事業年度における航空機の貸付けに係る業務に従事する役員及び使用人に係る人件費の額の合計額の当該外国関係会社の当該事業年度における航空機の貸付けによる収入金額から当該事業年度における貸付けの用に供する航空機に係る 償却費の額 の合計額を控除した残額（当該残額がない場合には、当該人件費の額の合計額に相当する金額）に対する割合が100分の5を超えていること。

24〜33　（略）

3.2　検 討

外国関係会社が、次の4つの基準のうちいずれかを満たさない場合には、能動的所得を得る上で必要な経済活動の実体を備えていないと判断され、租税負担割合が一定以上の場合を除き、会社単位での合算課税の対象となります。

（1）　事業基準

（2）　実体基準

（3）　管理支配基準

（4）　非関連者基準／所在地国基準

図表3

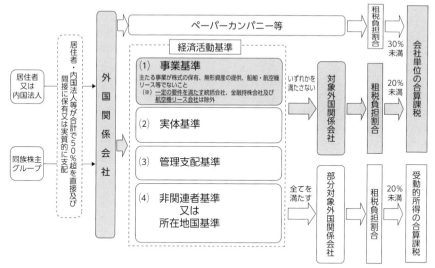

（出典：財務省2019、p. 605を参考に作成）

　このうち、上記⑴は、外国関係会社が、株式等若しくは債券の保有、工業所有権若しくは著作権等の提供又は船舶若しくは航空機の貸付けを主たる事業として行っていないことを要件としています。

　ただし、一定の要件を満たす航空機の貸付けを行う外国関係会社（実体のある事業を行っている航空機リース会社）については、上記⑴の基準を満たすこととされています（国税庁2019、p. 27）。

　この「一定の要件」を定めるのが、措置令39条の14の3第23項であり、同項3号は、航空機の貸付けを主たる事業とする外国関係会社について、

《算式》

$$\frac{\text{航空機の貸付けに係る業務に従事する役員及び使用人に係る人件費の額の合計額}}{\text{航空機の貸付けによる収入金額} - \text{貸付けの用に供する航空機に係る} \boxed{\text{償却費の額}} \text{の合計額}} > 5\%$$

となることを要件としています。

　ところで、上記算式の「償却費の額」については、措置令39条の14までさかのぼっても略称の定めは見当たらず、また、措置法２条《用語の意義》２項にも、定義は置かれていません。

　そこで、次のような可能性が考えられます。

1　上記算式の「償却費の額」は、外国関係会社の決算書に計上されている会計上の「償却費の額」である。

2　上記算式の「償却費の額」は、外国関係会社の所在地国の税法令により計算した場合に算出される「償却費の額」である。

3　上記算式の「償却費の額」は、我が国の法人税法の規定の例に準じて計算した場合に算出される「償却費の額」である。

　このうち、上記**1**については、措置令39条の14の３第23項には、「外国関係会社の各事業年度の決算に基づく」というような文言がなく、文理上、確からしいとはいえません。

　また、上記**2**についても、措置令39条の14の３第23項には、「本店所在地国の法令の規定により計算した」というような文言がなく、文理上、確からしいとはいえません。

　さらに、上記**3**については、「法人税法第31条の規定の例に準じて計算した」というような文言がなく、文理上、やはり確からしいとはいえません。

　このように、上記**1**～**3**は、いずれも決め手を欠くものですが、リサーチを進めると、立法担当者の解説に、次の記述を見つけることができます。

平成29年度　税制改正の解説（財務省ホームページ）
　「外国関係会社における会計上の償却費の額を念頭に置いたものです」（財務省2017、p. 678）

　この解説によれば、上記**1**の解釈を採って差し支えないことになります。

🔍 クローズアップ

　外国関係会社が、次の4つの基準を全て満たす場合であっても、実質的活動のない事業から得られる所得（いわゆる受動的所得）については、租税負担割合が一定以上の場合を除き、内国法人等の所得とみなし、それを合算して課税することとされています（財務省HP「外国子会社合算税制の概要」）。

(1)　事業基準
(2)　実体基準
(3)　管理支配基準
(4)　非関連者基準／所在地国基準

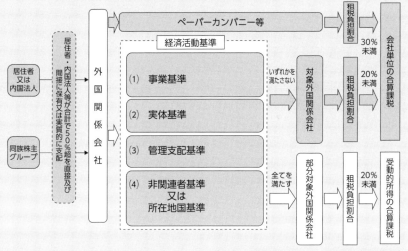

(出典：財務省2019、p.605を参考に作成)

　この受動的所得の1つである「固定資産の貸付けの対価」について定める措置法66条の6第6項8号にも、次のとおり、「償却費の額」という用語が用いられています。

租税特別措置法
第66条の 6

6　（略）

一～七の二　（略）

八　固定資産・・・の貸付け・・・による対価の額・・・の合計額から当該対価の額を得るために直接要した費用の額（その有する固定資産に係る 償却費の額 として政令で定めるところにより計算した金額を含む。）の合計額を控除した残額

九～十一　（略）

しかし、こちらの「償却費の額」については、その直後に「として政令で定めるところにより計算した金額」という文言が付されています。

そして、これを受けて、措置令39の17の 3 第21項、第24項及び第25項は、次のとおり規定しています。

租税特別措置法施行令
（部分適用対象金額の計算等）
第39条の17の 3

21　法第66条の 6 第 6 項第 8 号に規定する政令で定めるところにより計算した金額は、部分対象外国関係会社が有する固定資産・・・に係る当該事業年度の償却費の額のうち法人税法第31条の規定の例に準じて計算した場合に算出される同条第 1 項に規定する償却限度額に達するまでの金額とする。

24　法第66条の 6 第 6 項の内国法人は、第21項及び前項の規定にかかわらず、部分対象外国関係会社が有する固定資産又は無形資産等に係る当該事業年度の償却費の額として当該部分対象外国関係会社の第39条の15第 2 項に規定する本店所在地国の法令の規定により当該事業年度の損金の額に算入している金額（その固定資産又は無形資産等の取得価額・・・を各事業年度の損金の額に算入する金額の限度額として償却する方法を用いて計算されたものについては法人税法第31条の規定の例によるものとした場合に損金の額に算入されることとなる金額に相当する金額）をもって法第66条の 6 第 6 項第 8 号又は第 9 号に規定

　　する政令で定めるところにより計算した金額とすることができる。
25　その部分対象外国関係会社が有する固定資産若しくは無形資産等に
　　係る償却費の額の計算につき第21項若しくは第23項の規定の適用を受
　　けた内国法人がその適用を受けた事業年度後の事業年度において当該
　　償却費の額の計算につき前項の規定の適用を受けようとする場合又は
　　その部分対象外国関係会社が有する固定資産若しくは無形資産等に係
　　る償却費の額の計算につき同項の規定の適用を受けた内国法人がその
　　適用を受けた事業年度後の事業年度において当該償却費の額の計算に
　　つき第21項若しくは第23項の規定の適用を受けようとする場合には、
　　あらかじめ納税地の所轄税務署長の承認を受けなければならない。

　したがって、措置法66条の6第6項8号の「償却費の額」については、
次のとおりであることが、条文上明確であるといえます。
　⑴　我が国の法人税法の規定の例に準じて計算した場合に算出される償
　　却限度額に達するまでの金額をいう
　⑵　⑴に代えて、償却費の額として本店所在地国の法令の規定により損
　　金の額に算入している金額[※3]とすることができる
　⑶　償却費の額の計算方法を変更しようとする場合には、あらかじめ納
　　税地の所轄税務署長の承認を受けなければならない

3.3　結　論

　措置令39条の14の3第23項3号の「償却費の額」は、立法担当者の解説にお
いて、外国関係会社における会計上の償却費の額を念頭に置いたものであるこ
とが明らかにされています。

※3　いわゆる自由償却制度に基づいて計算されたものである場合には、法人税法31条の規定の例に
　　よるものとした場合に損金の額に算入されることとなる金額に相当する金額とされます。

4 エピローグ

> **学生** 【事例1】は、略称の定めを見落とすと、全く見当違いな答えを出してしまうところでした。
>
> **教授** 外国子会社合算税制の場合、まず、租税負担割合を計算して、適用免除にならなければ、次に、合算課税される所得を計算する、ということも多いと思います。つまり、条文を読む順序として、措置令39条の17の2が「先」、措置令39条の15が「後」になることも多いわけですが、そうすると、措置令39条の17の2に「配当等の額」が突然出てきたように感じるわけです。でも、実は、措置令39条の15に「以下・・・第39条の17の2第2項において『配当等の額』という」という定めがあった、ということですね。
>
> **学生** こういうことに気付くには、どうすればよいですか。
>
> **教授** 最初から順に読むのがよいと思います。例えば、外国子会社合算税制でしたら、措置法66条の6第1項から順に読むということです。一般的にいえることですが、略称だけでなく、「・・・に限る」、「・・・を除く」といった定めにも、「以下・・・第○項において同じ」という文言が付されていることがあります。こういったものを見逃さないためにも、〝条文は前から順に読む〟ということを心掛けたいですね。

参考文献等

財務省2009：財務省「平成21年度 税制改正の解説」
（https：//warp.da.ndl.go.jp/info：ndljp/pid/9551815/www.mof.go.jp/tax_policy/tax_reform/outline/fy2009/explanation/index.html）

財務省2017：財務省「平成29年度 税制改正の解説」
（https：//warp.da.ndl.go.jp/info：ndljp/pid/11344177/www.mof.go.jp/tax_policy/tax_reform/outline/fy2017/explanation/index.html）

国税庁2019：国税庁「外国子会社合算税制に関する Q&A（平成29年度改正関係等）」
（https：//www.nta.go.jp/law/joho-zeikaishaku/hojin/180111/pdf/01.pdf）
財務省2019：財務省「令和元年度　税制改正の解説」
（https：//warp.da.ndl.go.jp/info：ndljp/pid/11344177/www.mof.go.jp/tax_policy/tax
　_reform/outline/fy2019/explanation/index.html）

294

【監修者紹介】

稲見 誠一（いなみ　せいいち）

デロイト トーマツ税理士法人

テクニカルセンター シニアアドバイザー

税理士

　デロイト トーマツ税理士法人に入社後、パートナーとして、事業承継部門長、テクニカルセンター長、審理室長、東京事務所長、副理事長を歴任し、2016年12月1日よりテクニカルセンターのシニアアドバイザーとして、税務訴訟研究を通じて教育研修業務に従事している。

　主な著書に、『詳解　グループ通算制度 Q&A』（清文社・共著）、『Q&A　事業承継をめぐる非上場株式の評価と相続対策』（清文社・共著）、『制度別逐条解説　企業組織再編の税務』（清文社・共著）、『詳解　連結納税 Q&A』（清文社・共著）、『組織再編における株主課税の実務 Q&A』（中央経済社・共著）、『「純資産の部」の会計と税務』（清文社・共著）、『私的整理ガイドラインの実務』（金融財政事情研究会・共著）、『ケース別にわかる企業再生の税務』（中央経済社・共著）、『実務詳解　組織再編・資本等取引の税務 Q&A』（中央経済社・共著）、『グループ法人税制・連結納税制度における組織再編成の税務詳解』（清文社・共著）がある。

【執筆者紹介】

梅本 淳久（うめもと　あつひさ）

デロイト トーマツ税理士法人

テクニカルセンター マネジャー

公認会計士・米国公認会計士。司法書士試験合格

　デロイト トーマツ税理士法人に入社後、税務申告業務、国際税務コンサルティング業務を経験し、現在は、法令解釈や判例分析に基づく相談業務などに従事している。民間専門家として、国税審判官（特定任期付職員）に登用され、審査請求事件の調査・審理を行った経験を有する。

　主な著書に『子会社株式簿価減額特例―国際的な配当をめぐる税務』、『新版【法律・政省令並記】逐条解説　外国子会社合算税制』、『【法律・政省令並記】逐条解説　外国税額控除～グループ通算制度・外国子会社合算税制対応～』、『詳解　有利発行課税』、『［処分取消事例］にみる　重加算税の法令解釈と事実認定』、『事例と条文で読み解く　税務のための　民法講義』（以上、ロギカ書房）、『詳解　役員給与税務ハンドブック』（中央経済社）、『詳解タックス・ヘイブン対策税制』（清文社・共著）、『否認事例・裁判例からみた　消費税　仕入税額控除の実務』（中央経済社・共著）、『国際課税・係争のリスク管理と解決策』（中央経済社・共著）、『第10版　Q&A　事業承継をめぐる非上場株式の評価と相続対策』（清文社・共著）、税務専門誌への寄稿記事に「通達・Q&Aの要点を一挙に押さえる　令和元年度外国子会社合算税制の改正詳解」税務弘報67巻10号（中央経済社）、「外国法を準拠法とする契約に係る税務上の取扱い［1］～［3］」月刊国際税務38巻12号～39巻2号（国際税務研

究会）などがある。
京都大学理学部卒。

デロイト トーマツ税理士法人

　デロイト トーマツ税理士法人は、日本で最大級のビジネスプロフェッショナル集団「デロイト トーマツ グループ」の一員であると同時に、世界四大会計事務所「デロイト」の一員でもあります。「トーマツ」ブランドが培ってきた信頼と高い専門性に加え、全世界150を超える国・地域で展開する「デロイト」のグローバルネットワークを生かし、プロフェッショナルとしてクライアントのビジネス発展に貢献していきます。

　私たちの最大の強みは、デロイト トーマツ グループの総合力です。国内外での豊富な実績を誇る税務サービスだけにとどまらず、監査・保証業務、コンサルティング、ファイナンシャルアドバイザリー、リスクアドバイザリー、法務の領域でもグループ内の連携を図り、組織や専門分野の枠を超えた総合的なサービスを提供しています。特にデロイト トーマツ税理士法人は、日本の大手税理士法人の中でも最大級の国内18都市に拠点を設けており、全国規模で多様化するクライアントのニーズにこたえています。詳細はデロイト トーマツ税理士法人 Web サイト（www.deloitte.com/jp/tax）をご覧ください。

判例に学ぶ
税法条文の〝実践的〟読み方

発 行 日　2022 年11月10日

監　　修　稲見 誠一

著　　者　梅本 淳久

発 行 者　橋詰 守

発 行 所　株式会社 ロギカ書房
　　　　　〒 101-0052
　　　　　東京都千代田区神田小川町２丁目８番地
　　　　　進盛ビル 303 号
　　　　　Tel 03（5244）5143
　　　　　Fax 03（5244）5144
　　　　　http://logicashobo.co.jp/

印刷・製本　藤原印刷株式会社